Peter Simm
Silvia Sussmann

HEITERE WOHNMOBIL GESCHICHTEN

Wir danken Frank B. Meichelböck für seine tolle Computerarbeit. Dank auch an Barbara Meichelböck und Stefan Wagner für ihre zeichnerischen Ergüsse.

DER WOHNMOBIL-VERLAG
D-98634 Mittelsdorf/Rhön

Bibliografische Information der Deutschen Bibliothek

Die Deutsche Bibliothek verzeichnet diese Publikation in der Deutschen Nationalbibliografie.
Detaillierte bibliografische Daten sind im Internet über <http://dnb.ddb.de> abrufbar.

Titelbild:
"Ihr Traumplatz ist reserviert!",
in Szene gesetzt von Erwin Schellenberger & Reinhard Schulz

4. Auflage 2018

Vertrieb:
GeoCenter, 70565 Stuttgart

Herausgeber:
WOMO-Verlag, 98634 Mittelsdorf/Rhön
GPS: N 50° 36' 38.2" E 10° 07' 55.6"

Fon: 0049 (0) 36946-20691
Fax: 0049 (0) 36946-20692
eMail: verlag@womo.de
Internet: www.womo.de

Autoren-eMail: Simm@womo.de

Alle Rechte vorbehalten.
Alle Angaben ohne Gewähr.

ISBN 978-3-86903-574-1

Printed in Germany

stehen keine - auf Wunsch bezahlen wir sogar die zwei Hotelübernachtungen.
Wenn Sie möchten, erstatten wir Ihnen alternativ auch den restlichen Fahrpreis. Sie könnten dann in drei Stunden mit einer anderen Gesellschaft übersetzen - allerdings nur nach Brindisi."
„Aha", sagte ich erstmal geistreich und begann den Informationsschub zu verdauen. Die erste Offerte verwarf ich trotz der gewissen Großzügigkeit schnell, da zu zeitaufwendig! Blieb noch Nummero zwei. Die Aussicht, den kompletten italienischen Stiefel zu durchmessen und schließlich auch noch nach Hause zu rollen - rund 1.400 km in 1,5 Tagen - schien nicht eben berauschend. Ich stand da wie ein begossener Pudel, atmete tief durch und erbat eine kurze Bedenkzeit, um mit Silvia „Kriegsrat" zu halten. Auf Grund der äußerst übersichtlichen Zahl an Lösungsmöglichkeiten des Problems fiel die Entscheidung postwendend. Die Schalterdame tauschte unser Ticket in Bares, avisierte uns sogar der Brindisi-Fähre und entließ uns mit guten Wünschen.
Na ja - da keimte doch schon wieder Zuversicht auf!
Das zarte Pflänzchen der Zuversicht welkte augenblicklich dahin, als wir des Fährschiffs ansichtig wurden, das uns heil (?) übers Mittelmeer schippern sollte. Einst musste der Kahn weiß gewesen sein. Einige Fragmente dieser Farbe zwischen blühenden Rostfeldern deuteten zumindest darauf hin. Die Bugwand zierten Rinnsale pechschwarzen Öls, und die Holzteile der Reling reizten keinen Holzwurm mehr. Kurzum - lebende Zeugen der Jungfernfahrt waren nicht mehr zu vermuten. Einzig der Name des Pottes versprühte Optimismus - Pride of the Sea!
Eine lange, furchteinflößend steile Rampe führte hinauf zum sog. Open-air-Deck, der einzigen Unterbringungsmöglichkeit für Fahrzeuge. Forsch nahm ich Anlauf und ging mit Nachdruck die Steigung an, auf der in kurzen Abständen eiserne Querstreben montiert waren. Die sollten wohl mehr Grip verleihen, bewirkten aber bei unserem WOMO zunächst ein kräftiges Schütteln, nachfolgend ein derbes Aufschaukeln und schließlich flog der Gang raus - knapp vor Erreichen des waagrechten Autodecks!
Erneutes Anfahren auf der Rampe - vollkommen unmög-

Einladung

Verehrte Leserin, geschätzter Leser!

Seit gut fünfunddreißig Jahren reisen wir in der Weltgeschichte herum.

„Wir", das sind meine Gattin Silvia Sussmann und meine Wenigkeit, Peter Simm.

Unser Weg führte uns in allerlei Herren Länder. Dabei entdeckten wir herrliche eindrucksvolle Landschaften, lernten andere Kulturen kennen und trafen mit faszinierenden Leuten zusammen. Wenn Sie jetzt aber einen Reise- oder Kulturführer erwarten, so müssen wir Sie enttäuschen.

Dieses Büchlein soll nur unterhalten.

In kurzen Geschichten schildern wir Ihnen amüsante Begebenheiten aus unserem reichen Erfahrungsschatz, aber auch alles „erdenklich Bedenkliche". Es geht um Pannen, Pech und Pleiten, um überkorrekte und weniger korrekte Staatsdiener, um leichte Mädchen und schwere Jungs, um selbstlose Hilfsbereitschaft und vieles mehr. Manchmal trieb uns die Anspannung den Schweiß auf die Stirn, denn solange man sich in einer prekären Situation befindet, lacht man relativ wenig. Erst nachdem alles ausgestanden ist, kommt der Spaßfaktor so richtig zur Geltung, und die Scherzchen sprudeln wieder über die Lippen. Wer könnte das nicht nachvollziehen?

Unsere Erlebnisse werden Sie zum Schmunzeln, vielleicht zum Lachen bringen - wir hoffen es wenigstens. Ganz gleich, wo und wann Sie unsere Ergüsse lesen, ob an einem trüben Regentag, abends im Bett oder sonst an irgendeinem Örtchen.

Wir wünschen Ihnen viel Spaß dabei.

Ihr

Peter Simm

Strahlendes Hellas

Es gibt zahlreiche Reisen, die einfach so verlaufen, wie man sich das bei der Planung ausgemalt hat - ohne aufregende Erlebnisse. Man rollt mit dem WOMO gen Norden oder Süden, entdeckt schöne Plätzchen, erfreut sich an der Kultur, genießt leckeres Essen, badet, wandert, faulenzt oder widmet sich all den angenehmen Dingen, die man schon lange erträumt hatte. Dazu lacht auch noch die Sonne - kurzum - alles ist wunderbar! Wie üblich neigt sich der Urlaub überaus vehement dem Ende zu, bald geht es zurück in die Heimat, und die Mühlen des Alltags beginnen erneut zu mahlen. Noch eine Weile hält die Freude über die gelungene Zeit an, doch bald verblassen die Erinnerungen und schwimmen zusammen mit denen vorangegangener Urlaube in irgendeinem abgelegenen Teil des Gehirns herum.

Aber da gibt es auch noch diese andere Art von Reisen. Das sind diejenigen, bei denen sich das Schicksal alle erdenkliche Mühe gegeben hat, sämtliche Unbill, Widrigkeiten oder aber auch humoristische Noten aus dem Zylinder zu zaubern. Diese Erlebnisse prägen sich besser ein, und man hat zu Hause seinen Lieben von neuen Erfahrungen zu berichten. Das mag vielleicht Spott nach sich ziehen, eventuell auch tröstendes Mitleid. Doch ganz gleich - mit etwas Abstand kann man (fast) jeder Situation ein Schmunzeln abgewinnen. Vor allem aber behalten Reisen dieser Kategorie einen angestammten Platz im Schatz der Erinnerungen.

Zu Beginn dieser Urlaubsfahrt, die uns nach Griechenland auf die Peloponnes führen sollte, erwarteten wir natürlich einen „Blümchenurlaub". Schon bald zeigte sich jedoch, dass diese Einschätzung zu korrigieren war.

Die lang ersehnten Pfingstferien standen endlich vor der Tür. Noch bevor die Vogelwelt zu ihrem morgendlichen Lied anhob, kletterten wir ins WOMO und starteten in Richtung Süden. Unregelmäßigkeiten waren keine zu verzeichnen. Erwartungsgemäß schafften es die Österreicher auch dieses Jahr, rechtzeitig zu Ferienbeginn einige grundsolide Baustellen einzurichten und somit den Verkehr zu beruhigen. Das erregt das Gemüt und schützt so vor dem Einschlafen hinter dem Steuer - wir nennen dies von jeher „angewandte Verkehrspsychologie". Jenseits des Brenners zeigte sich die Autobahn wieder frei von psychologischen Momenten, und wir konnten unserem fahrbaren Haus die Sporen geben. Ohne nennenswerte Ereignisse trudelten wir einige Stunden später in der Hafenstadt Ancona ein, wo unsere Fähre bereits an der Mole dümpelte.

Ich stellte unser Mobil in der entsprechenden Spur ab und reihte mich in der Warteschlange zum Ticket-Check ein. Reisende, die mit einschlägigen Fährerfahrungen im Süden gesegnet sind, wissen jetzt, dass dies mit einem Bußgang nach Canossa gleichzusetzen ist. Am Schalter sitzt in der Regel ein Mensch, der sich seiner Bedeutung bewusst ist. Dabei unterscheidet man zwei Typen, zum einen den Lautstarken, Wildgestikulierenden und Hektischen und zum anderen den in der eigenen Mitte in sich Ruhenden, dessen volle Konzentration seiner Kaffeetasse gilt.

Von wegen!

Diesmal wurde das Klischee nicht bedient. Zu meiner Überraschung sah ich mich einer jungen zauberhaften Dame gegenüber, die mich mit einem strahlenden Lächeln begrüßte. Nach flinkem, professionellem Check der Tickets eröffnete mir die freundliche Lady mit blitzenden Augen, dass wir statt der gebuchten schnöden Standard-Kemenate eine Luxus-Kabine bekämen.

„Wenn das kein schöner Auftakt ist," freute sich Silvia kurz darauf und lobte die Fährgesellschaft über den grünen Klee.

„Und sogar mit Badewanne", begeisterte sie sich aufs Neue nach kurzem Studium der Prospekte.

Die Weichen für einen angenehmen Tagesausklang waren also gestellt. Silvia wurde nicht müde, die Fährgesellschaft und ihr Entgegenkommen zu preisen, ich wusste natürlich, dass die Dame allein durch mein charmantes Wesen beeindruckt war und gar nicht anders handeln konnte.

Das Frühstück am nächsten Morgen bereicherte unseren Urlaub um eine ulkige Begebenheit. Wie es bei den Schiffen dieser Griechenland-Linie so üblich ist, hatten wir keine freie Tischwahl, sondern wurden an einen Tisch geführt, an dem bereits ein Pärchen saß. Unser Kennerblick verriet uns sofort: Deutsche! Die Dame - blond, blauäugig, vornehme Blässe - desgleichen der Herr. Begrüßt wurden wir (soweit unser Beurteilungsvermögen reicht) in fehlerfreiem Hessisch. Wir freuten uns, nette Gesprächspartner gefunden zu haben, und es entwickelte sich ein kleines Pläuschchen.

Bald rauschte der Ober heran und befragte seine Gäste nach ihren Wünschen. Angenehmerweise tat er dies auf Deutsch - denn welcher BRD-Bürger ist schon des Griechischen mächtig?

Umgehend brachte der emsige Kellner die georderten Sachen, servierte diese gekonnt, garniert mit einem breiten Lächeln und einem griechischen Wortschwall. Just in diesem Moment schnellte unser Tischnachbar wie von einer Tarantel gestochen empor und brüllte den Ober lautstark und überaus wütend an. Das geschah nun nicht mehr auf Hessisch, sondern anscheinend in lupenreinem Griechisch. Der livrierte Bedienstete nahm augen-

blicklich Haltung an, sein Kopf mutierte zur roten Glühlampe und dem Mund entquollen einige gestammelte Wortfragmente. Demütig nickend, entfernte er sich langsam im Rückwärtsgang. Nach einem kurzen Weilchen kehrte er zurück, erweiterte unsere Tafel mit einer erklecklichen Anzahl feiner Leckerbissen, um sogleich unter Verrichtung einer fast gefährlich tiefen Verbeugung wieder zu verschwinden.

Allmählich verrauchte auch die Wut unseres Tischnachbarn, die Zornesfalten glätteten sich, nur die gerötete Gesichtsfarbe widersetzte sich noch der vorangegangenen Blässe. Schließlich traute ich mich, meiner Neugier Ausdruck zu geben, und fragte nach dem Grund der filmreifen Darbietung, die im übrigen auch das Interesse anderer Gäste geweckt hatte.

„Dieses windige Schlitzohr von Ober", entgegnete er, noch mit einem leichten Beben in der Stimme, „der Kerl besaß doch glatt die Frechheit smart und freundlich das Frühstück zu servieren."

„Ja, und" unterbrach ich ihn verständnislos und wohl auch etwas unhöflich.

„Wissen Sie, was der dabei auf Griechisch verlauten ließ? Nein? Ich sage es Ihnen: Da habt Ihr Euren Mist, Ihr A...löcher, ersticken sollt Ihr dran!"

Zitternd vor Wut ergänzte er schließlich: „Und jetzt verstehen Sie bestimmt auch meinen Ausbruch.."

Ich verstand, Silvia verstand und auch die Gemahlin des Verhöhnten verstand!

Im weiteren Gesprächsverlauf kristallisierte sich heraus, dass der von uns als Hesse eingeschätzte Mann eigentlich Grieche war, eine deutsche Frau geheiratet hatte und bereits seit 30 Jahren in Deutschland arbeitete und lebte. Hätte der Ober geahnt, einen Landsmann vor sich zu haben, wäre die Wortwahl wohl eine andere gewesen. Genaugenommen, galten die Beleidigungen allen Personen am Tisch. Doch, im Nachhinein betrachtet, trösteten wir uns mit dem heiteren Aspekt und sahen von einer Beschwerde ab. Ein solch überaus reichliches und gediegenes Frühstück mit Wiedergutmachungs-Bonus wird es allerdings so schnell nicht mehr geben...

Irgendwann später liefen wir in Patras ein, verließen die Fähre mitsamt der noblen Suite und begannen über die Peloponnes zu streifen. Es folgten beschauliche Tage, unsere Tätigkeiten beschränkten sich auf die ersehnten Dinge wie eben Baden, Faulenzen, gepflegt Essen und ein bisschen Sightseeing. Wir waren bereits tief in den Süden vorgedrungen, als die Nadel der Tankuhr baldiges Nachfüllen forderte. Die erste Tankstelle, die wir ansteuerten, war geschlossen.

„Komisch", bemerkte Silvia, „ich glaube, die zwei vorangegangenen hatten auch die Schotten dicht."

„Dann nehmen wir eben die nächste", erklärte ich souverän.

Selbige kam zwar schnell in Sicht, nur war auch hier keine Menschenseele zu entdecken. Mittlerweile beurteilte ich diesen Umstand als eigenartig, weigerte mich aber in meiner Naivität, darin etwas Bedenkliches zu sehen, obwohl die Tankuhr schon „Panik" signalisierte. Nun - eigentlich dauert es in solchen Situationen ja immer ewig, bis man auf den nächsten Quell stößt. Fortuna schien uns aber hold, und schon kurz darauf tauchte die nächste Tankstelle auf. Kein Seil versperrte die Zufahrt, und ein älterer Herr im Blaumann fegte die Teerfläche vor den Zapfsäulen.

„Na also", brummte ich, „der fegt sogar den Hof für uns - wenn das kein Service ist!"

Noch bevor ich unseren Boliden richtig einmanövrieren konnte, sprang uns schon der „Blaumann" mit abwehrenden Handbewegungen entgegen. Als ob er gerade meine Worte vernommen hätte, tönte er sogleich:

"Nix Service, geschlossen, ganz Hellas Streik."

Der Tankwart verfügte vermutlich über hellseherische Fähigkeiten, denn er wusste, welche Frage mir jetzt auf den Lippen brannte und komplettierte seine Ausführungen.

„Dauern drei Tage sicher, vielleicht fünf, weiß ma nix."

Schlagartig wurde uns der Ernst der Lage bewusst. Wir standen im Süden Griechenlands und hatten nur noch feuchte Stellen im Tank. Im Reservekanister dümpelten zwar noch gut 5 Liter abgestandener Diesel, aber wirklich beruhigend war das nicht. In zwei Tagen sollte uns die Fähre von Patras zurück nach Italien bringen. An Hand einer einfachen Rechnung stellten wir fest, dass uns 20 Liter Sprit zu unserem „Traumziel" fehlten.

„Helfen Sie uns bitte wenigstens mit ein bisschen Diesel aus", bettelte ich.

Silvia unterstrich meine Bitte mit einem gewinnenden Lächeln und einem Augenaufschlag, der einen Gletscher zum Schmelzen gebracht hätte. Einen Gletscher vielleicht - um das Herz dieses Mannes zu erweichen, reichte es jedenfalls nicht.

„Tut mir leid, nix kann machen", ließ er uns wissen.

Um seinem unendlichen Bedauern Ausdruck zu geben, zuckte er mit den Schultern, legte die Stirn in sorgenvolle Falten und griff nach seinem Besen.

An einer weiteren Tankstelle probierten wir erneut unser Glück. Es kam, wie es kommen musste! Alle Bemühungen, an das WOMO-Lebenselixier heranzukommen, scheiterten kläglich. Streik ist Streik - da geht man eben konform!

„Was tun, beim Zeus", klagte ich lauthals und machte meinem Ärger Luft. Anscheinend bewegte Zeus dieses Wehklagen zutiefst, denn er schickte mir sogleich eine Idee vom Olymp herab in den Süden der Peloponnes.

Ein Campingplatz - das ist die Lösung! Auf derartigen Einrichtungen tummeln sich viele Touristen mit fast ebenso vielen Fahrzeugen, in denen es vor gefüllten Reservekanistern nur so wimmelt. Hier finden sich bestimmt Menschen, deren Autotanks randvoll sind und die somit auf die paar Literchen extra nicht angewiesen sind. Oder man trifft Urlauber, die noch viel Zeit vor sich haben und dem Streikende vollkommen gelassen entgegen sehen können.

„Heureka", stellte ich sachlich fest, „ich hab`s gefunden."

Umgehend teilte ich Silvia meinen Geistesblitz mit. Nach kurzer Abwägung wurde dieser für gut befunden. Laut Reiseführer befand sich sogar ein großer Campingplatz in der Nähe, den wir auch sogleich anpeilten. Wir wandten uns an den erstbesten Camper und schilderten unsere Lage. Eigentlich hätten wir ohne Einleitung zum Punkt kommen können. Als wir schließlich unseren akuten Spritmangel offen legten, unterbrach der Mann unseren Redefluss und deutete in eine bestimmte Richtung.

„Da hinten links, bei dem Baum - Huber heißt er", sagte er nur knapp und trollte sich.

Es stellte sich heraus, dass besagter Huber ein deutscher Aussteiger war, der sich häuslich in Griechenland niedergelassen hatte. Dank eines besonderen Riechers, eines rechtzeitig zwitschernden Vögleins oder sonstiger unerfindlicher Gründe befand sich dieser Herr im Besitz nicht unerheblicher Benzin- bzw. Dieselvorräte. Klar erkennbar, dass er diese zum Zwecke der Weiterveräußerung gehortet hatte. Bei dieser Gelegenheit erhielten wir - gleichfalls klar erkennbar - eine gründliche Lektion in Sachen Marktwirtschaft. Der geforderte Preis überschritt das normale Niveau um etwa das Dreifache!

„Das ist fürchterlich unverschämt", sagte ich aufbrausend.

„Das ist das Gesetz von Angebot und Nachfrage", antwortete er mir grinsend.

„Im übrigen besteht keinerlei Kaufverpflichtung."

Zähneknirschend akzeptierten wir nach kurzer Überlegung das Angebot des geschäftstüchtigen Händlers und beugten uns demütig den Gesetzmäßigkeiten der Marktwirtschaft. 20 Liter Diesel flossen in den Tank unseres WOMOs, und mir war so, als schimmerten sie wie pures Gold. Jedenfalls konnten wir jetzt unsere zwei letzten Tage in Hellas entspannt angehen.

Nun - der Urlaub neigte sich dem Ende zu, und wir peilten Patras an. Silvia schwelgte schon in Vorfreude auf unsere Luxus-Suite und die damit verbundenen Badefreuden, meine Gedanken verweilten in der Schiffsbar, was nicht minder angenehm war. Wir passierten die Hafeneinfahrt und gerade als ich die Spur unserer Fährgesellschaft aufnehmen wollte, verweigerten uns zwei grimmig dreinblickende Uniformträger die Weiterfahrt. Eine Verständigung kam nicht zustande, es blieb ergo nichts anderes übrig als zu Fuß das Hafenbüro anzusteuern - mit einem mulmigen Gefühl in der Magengegend. Dunkle Vorahnungen bemächtigten sich meiner. Das Büro war von einer einzigen Dame besetzt, und diese gab sich redlich Mühe, meine düsteren Gedanken zu nähren. Nach einer knappen Begrüßung eröffnete sie mir lapidar:

„Wir streiken! Für die nächsten Tage ist der Verkehr unserer Schiffe eingestellt."

Unsere Urlaubsplanung beruhte auf einem ausgeklügelten System, das keinen Aufschub duldete. Daheim wartete schließlich die Arbeit. Offenbar hatte mich die inhaltsschwere Aussage sogleich gezeichnet, denn die Züge der Lady zeigten jetzt ein aufkeimendes Mitgefühl, und sie hob sanft zu einer Erklärung an:

„Es besteht die Möglichkeit, mit einem Konkurrenz-Unternehmen nach Ancona zu reisen. Die nächste Abfahrt ist allerdings erst übermorgen. Weitere Unkosten entlich! Rückwärts herunterrollen - zunächst auch nicht machbar!

Zwei emsige Autofahrer, die uns auf dem Fuß gefolgt waren, blockierten den Rückzug. Nach einem heftigen Wortwechsel und unter Versprühen giftiger Blicke, untermalt von wilder Gestik seitens des Fährpersonals, ging es schließlich in die Ausgangsposition zurück. Ich startete einen neuen Versuch, verhungerte wieder kurz vor dem Ziel. Auch der dritte Anlauf scheiterte. Wir konnten den Unmut der wartenden Autolenker und der Einweiser fast körperlich spüren. Silvia bemerkte verzagt und ziemlich demotiviert:

„Wahrscheinlich kommen wir nie wieder nach Hause."

Diesen Satz musste sich unser Mobil zu Herzen genommen haben. Beim vierten Versuch schafften wir den „Gipfelsturm". Auf meiner Stirn glänzten Schweißperlen, die Handinnenflächen waren bereits zum Feuchtbiotop mutiert, doch jetzt machte sich Erleichterung breit. Die umstehenden Passagiere quittierten unseren Erfolg mit Beifall - ganz unfreiwillig schienen wir für Kurzweil gesorgt zu haben.

Dem geneigten Leser sei noch verraten, dass wir entgegen unserer Befürchtungen unbeschadet Brindisi erreichten. Die Schiffskabine allerdings repräsentierte nicht einen Hauch von dem erhofften Luxus, sie wies eher den Charme einer Gefängniszelle auf. Die wenigen Quadratmeter teilten wir mit vier weiteren „Insassen". Die anschließende Heimfahrt verlief erstaunlicherweise ohne besondere Vorkommnisse.

P.S.
Eine kleine Fußnote zum Schluss! Später erfuhren wir, dass die Schiffe unserer Fährgesellschaft (Ancona-Patras) keineswegs bestreikt wurden. Auf Grund einer Order von „ganz oben" wurden sie ins Tyrrhenische Meer in die Nähe von Rom abgerufen. Sie ankerten vor den Toren der ewigen Stadt, in der die Fußball-Weltmeisterschaft stattfand, und dienten als schwimmende Hotels. Die Verdienstmarge hierbei war natürlich deutlich höher als im Linienverkehr. Und bitte, wen interessieren da schon feste Buchungen von Leuten wie unsereins...

Reif für die Insel

Unser erster Besuch in Irland liegt schon über zwanzig Jahre zurück. Ganz im Gegensatz zu heute galt die grüne Insel damals als das Armenhaus Westeuropas. Arbeitslose gab es mehr als das Land vertragen konnte, trotzdem oder gerade deswegen feierte man gern, lachte, tanzte und sang, sobald sich die Gelegenheit bot. Touristen verirrten sich damals nur wenige auf das Eiland - nicht nur das Wetter schreckte ab, sondern vor allem die mangelhafte Infrastruktur verhinderte einen größeren Andrang.

Auf dieser Reise begleiteten uns unsere Freunde Frank und Sabine. Frank ist übrigens der Mann, der für die tolle Gestaltung unserer Bücher am Computer verantwortlich zeichnet.

Schon auf der Fähre umwehte uns irisches Flair. Aus Lautsprechern, die über das ganze Schiff verteilt waren, erklangen typische Weisen, und im gemütlichen Bordpub spielte eine waschechte Live-Band auf. Wir hatten uns auf die Fahnen geschrieben, die Landeskultur kennenzulernen, und nahmen sogleich die Arbeit auf. Es lag natürlich nahe, im Pub erste Kontakte zum allseits hoch gepriesenen Brauereiwesen zu knüpfen. Mit einem mannigfaltigen Angebot buhlten die verschiedenen Firmen um unsere Gunst. Wir probierten das herbe Guiness, testeten das süffige Harp, verleibten uns das leicht cremige Kilkenny ein und urteilten hart über das in unseren Augen dünne Smithwicks. Unsere Damen hatten uns bereits in Richtung Kabine verlassen, so dass wir uns dieser Aufgabe ungestört, mit großem Nachdruck und Muße widmen konnten. Wir sahen uns in der Pflicht und schenkten uns nichts. Der nächste Morgen bescherte zumindest mir einen wenig erquicklichen Gesundheitszustand, ich hatte sozusagen einen Kulturschock erlitten. Während meine Reisegenossen noch süß schlummerten, schleppte ich mich an Deck, um mir die frische Seeluft um die Nase wehen zu lassen. Ich setzte mich auf eine Bank und hielt mit beiden Händen meinen Kopf, der wie eine Kanonenkugel auf den Schultern lastete. Der zweite (Kultur)schock folgte sogleich. Ein Punker mit weit ab-

stehender blau-rosa Haarpracht kam des Weges, musterte mich hämisch und umriss prägnant meine Zukunftschancen mit den Worten:
„Hey Alter, no future was?!"
Das war der Anfang unseres Urlaubes! Um unsere kulturellen Eindrücke zu vertiefen, drangen wir immer weiter in die Insel ein und besuchten dabei so manches Pub am Wegesrand. Selbstverständlich nicht mehr, um dem Biere zuzusprechen, sondern nur wegen des heimischen Liedgutes und der ergreifenden Geschichten, die des Volkes Stimme hier sprach. Kaum an einem anderen Ort wird soviel musiziert, gesungen und gelogen als in diesen Kneipen. Wir befanden uns bereits im Herzen Irlands, im hübschen Dörfchen in Mountshannon und peilten gerade zum Zwecke der Horizonterweiterung das zentrale Pub an. Draußen, vor der Türe, saß ein Pärchen auf einer Bank und lächelte uns freundlich entgegen. Wir bedachten sie mit einem ebenso freundlichen Lächeln, verbunden mit einem kräftigen „hello", dem wir den irischsten Anstrich verpassten, den unsere Zungen in der Lage waren zu formen. Kaum, dass uns die düstere Bar verschluckt hatte, rempelte mich Freund Frank an und bemerkte:
„Wenn mich nicht alles täuscht, haben die beiden mit einem „Grüß Gott" auf unser „hello" gekontert. Klingt nicht sonderlich gälisch oder wie!"
„Der Sache gehen wir auf den Grund", erwiderte ich, und flugs strebten wir wieder hinaus ins Freie.
Unsere Reaktion war schon erwartet worden. Die zwei freuten sich diebisch und lachten:
„Manchmal dauert es eben etwas länger, bis die grauen Zellen in die Gänge kommen", lobten sie uns.
Und noch bevor wir fragen konnten, welche sachdienlichen Hinweise ihnen dazu verholfen hatten, uns als Deutsche zu identifizieren, lösten sie freiwillig das Rätsel. Sie deuteten auf unsere Fahrzeuge und verkündeten weise:
„Eure Kennzeichen, schlicht Eure Kennzeichen!"
Natürlich kam man ins Gespräch. Landsleute zu treffen war damals eher eine Seltenheit. Bald erfuhren wir, dass die beiden Christa und Hans hießen und nicht, wie wir zunächst annahmen, in Mountshannon ihren Urlaub verbrachten, sondern hier wohnten! Sie hatten dem Stress

und der Hektik von „Good Old Germany" eine klare Absage erteilt, um sich im weitaus ruhigeren Irland niederzulassen, das sie allerdings nur von einem vorangegangenen Ferienaufenthalt kannten, aber gleich lieben gelernt hatten. Wir bewunderten den Mut, sich in ein solches Abenteuer zu stürzen, denn dazu hieß es, in Deutschland alle Zelte abzubrechen. Nach akribischer Planung wurde die Eigentumswohnung verkauft, das Ersparte zusammengekratzt und nur mit wenigen liebgewonnenen Dingen, aber versehen mit den besten Ratschlägen von Verwandtschaft und Freunden ging es auf die Insel. Dem Einzug im neu erbauten Häuschen im Grünen eilten Schwierigkeiten voraus, die ein ganzes Buch füllen würden, denn die Synthese aus deutscher Gründlichkeit und irischem Schlendrian erwies sich als äußerst schwieriges Unterfangen. Dies alles erfuhren wir freilich nicht vor dem Pub, sondern im trauten Eigenheim, in das uns Christa und Hans freundlicherweise am Abend eingeladen hatten.

In einem Teil des riesigen Gartens erstreckten sich schmucke Gemüsebeete. Das Ergebnis der gärtnerischen Bemühungen konnte sich wirklich sehen lassen. „Also, wenn hier im County Clare der „goldene Spaten" für die beste Pflanzendressur verliehen wird, dann mischt ihr bestimmt ganz vorne mit", stellte ich fachkundig fest. Die beiden lachten, nicht ganz ohne Stolz.

„Bis das richtig funktioniert hat, mussten viele unschuldige Pflänzchen nur allzu früh ihr Leben lassen," verkündete Christa mit ergreifender Trauermiene.

Und Hans pflichtete trocken bei:

„Wir waren immer Großstadtmenschen, für uns war bis dato Erde eigentlich nur Dreck. Das sind vollkommen neue Erfahrungen."

Welche Herausforderungen dieses neue Leben in sich barg, zeigt auch folgende Anekdote. Für einen Liebesdienst, den die zwei einem Nachbarn erwiesen hatten, bekamen sie als Dankeschön einen Hasen geschenkt, den man bereits seines irdischen Lebens enthoben hatte. Die Freude über die kulinarische Bereicherung der Küche war zunächst groß. Das Entsetzen, als man merkte, dass Meister Lampe noch über sein komplettes Innenleben verfügte und zudem in seinem Fell steckte, auch! Bisher hatten Christa und Hans vom Metzger um die Ecke alles mund- bzw. pfannengerecht erstanden - wie das in der Stadt eben so üblich ist - doch jetzt war Eigeninitiative gefragt. Natürlich fehlte das know-how, da half der gute Wille allein nur wenig. Die „Operation Hase" lief an. Man schnitt hier und teilte dort, zog oben und drückte unten, man probierte und sezierte, nichts blieb unversucht! Erhebliche Zeit und viele Schweißtropfen später endete das Massaker. Zum Abendessen gab es Hasenragout...

Wir blieben einige Tage in Mountshannon und waren froh, Christa und Hans begegnet zu sein. So erfuhren wir viel über Land und Leute und bekamen auch das eine oder andere irische Kleinod zu Gesicht, das wir sonst nicht entdeckt hätten. Einer Empfehlung der beiden zufolge stiefelten wir eines Abends in den Gemeindesaal, um einer Folklore-Veranstaltung beizuwohnen. Der relativ große Raum war brechend voll. Mit Ausnahme von uns und einem weiteren Pärchen mit drei Kindern befand sich alles fest in irischer Hand. Bald ging es auf der Bühne munter zu Sache. Es wurde kräftig gesungen und musiziert. Ein älterer Mann in Tracht entlockte sogar einem Amboss mittels eines Metallstabes ganze Melodien, was ihm frenetischen Beifall einbrachte. In der Pause wurde allen Gästen Tee und Kekse gereicht, und man nahm die Gelegenheit wahr, die wenigen „Fremdlinge" (zu denen wir ja auch gehörten) zu beschnuppern.

Schließlich füllte sich die Bühne wieder. Rund zwanzig bezaubernde junge Damen, die man als Stolz des Counties Clare angekündigt hatte, marschierten mit strahlendem Sonntagslächeln ein und begannen alsobald mit Vehemenz ihre zartrosa Beinchen durch den Dunst des Saales zu wirbeln. Die agilen Ladies trugen erfrischend kurze Röcke. Man hatte uns die erste Reihe gegönnt, und besonders Freund Frank und ich waren dankbar dafür, diesen „hautnahen" Kunstgenuss so intensiv erleben zu dürfen. Mit einem furiosen Finale endete die Vorführung, die Tanzmäuse verneigten tief die edlen Häupter, Applaus brandete auf. Seltsamerweise erklang plötzlich ein Wiener Walzer. Das nahmen die holden Feen zum Anlass, von der Bühne herabzuschweben und sich jeweils einen Tanzpartner aus dem Publikum zu schnappen. Frank, eines der ersten Opfer dieser unvorhergesehenen Attacke, wurde bereits von einem braunhaarigen Rehlein gewalzert. Mit rot leuchtendem Kopf schob er über die Dielen. Er gab sein bestes, genügte dabei jedoch nur geringen Ansprüchen. Mag nun mein alter Freund nicht gerade über die Qualitäten eines Fred Astaire verfügen, so ist es um mich noch weitaus schlimmer bestellt. Auf einen einfachen Nenner gebracht: eher bringt man einem Lama das Schach spielen bei, als mir das Tanzen! Und Walzer - auweia...

Wendig wollte ich mich asylsuchend auf die sichere Toilette retten, doch es war zu spät. Ein zartes Geschöpf bemächtigte sich meiner und brachte unmissverständlich zum Ausdruck, dass es für mich kein Entrinnen gäbe. Selbst meine drastische Warnung, ich sei eine Gefahr für Leib und Leben, ignorierte das mutige Wesen. Also machte ich mich an die Arbeit! Konzentriert versuchte ich, meine Beine in eine gewisse Harmonie zu Johann Strauß zu bringen. Es blieb bei dem guten Willen, und ich stampfte schwerfällig und plump über den Tanzboden. Bis heute ist es mir ein Rätsel, wie die junge Dame diese Tortur mit heilen Füßchen überstehen konnte, ...dass die junge Dame nach dieser Aktion noch ohne fremde Hilfe gehen konnte.

Auch der weitere Verlauf des Abends unterlag der Selbstgestaltung. Aus dem Publikum bildeten sich kleine Gruppen und Solosänger heraus, die gekonnt, stimmgewaltig und vor allem textfest irische Weisen vortrugen. Meist trieften die Texte von Schwermut, behandelten sie doch Armut, Arbeitslosigkeit, Liebeskummer und ähnlich unerquickliche Themen. Im krassen Gegensatz dazu standen die fröhlichen Melodien, die keine Traurigkeit zuließen. Interessiert hörten wir zu, klatschten und freuten uns. Die Freude fand ein jähes Ende, als es hieß:

„It is your turn now (jetzt seid ihr dran)!"

Diese Aufforderung ging zunächst an das Touristenpaar mit den drei Kindern, aber auch an uns. Erstaunen und Ratlosigkeit machte sich breit. Das Familienoberhaupt unserer Mitstreiter in spe bekräftigte sogleich, „er könne das nicht und singe nicht mal an Weihnachten." Wir nahmen den Faden auf und nickten alle heftig zur Bestätigung. Das löste bei den Iren absolutes Unverständnis aus und führte zur kategorischen Feststellung „es gäbe keine Menschen, die nicht singen." Wir mussten also ran! Die Familie entschied sich für ein Kinderlied und baute auf den Nachwuchs. Die Kleinen erledigten ihre Aufgabe bravourös, die Eltern begleiteten sie verlegen mit eher zögerlichen La-la-Tönen. Wir nutzten die Gnadenfrist zu einem Kriegsrat. Unser Kenntnisstand bezüglich hochwertigen Liedgutes erwies sich als erbärmlich. Die Wahl fiel daher auf ein Trinklied rüden Inhalts. So würden wir, ohne hängen zu bleiben, locker bis zur fünften Strophe kommen - und wer würde schon den Text verstehen?

Nun - unser Vortrag verlief halbwegs erfolgreich. Wir trällerten wie die aufstrebenden Feldlerchen im Frühling. Das Publikum fiel zwar nicht vor Begeisterung reihenweise in Ohnmacht, doch es klatschte wenigstens anerkennend. Irgendwann entrannen wir der Veranstaltung und strebten, noch etwas schwitzend, mit leicht erhöhtem Blutdruck unseren Mobilen zu. Tags darauf berichteten wir Christa und Hans unsere Erlebnisse.
„So, tanzen musstet ihr und singen", freute sich Hans mit diebischem Grinsen.
Dann legte er die Stirn in Falten und erklärte mit unschuldiger Miene:
„Ja, das läuft doch immer so! Habe ich euch das nicht gesagt? Sollte ich euch das wirklich nicht gesagt haben?!"

Obbedisco

Bezzecca ist der Name eines kleinen verschlafenen Dorfes, das nahe dem Ledro-See im schönen Trentiner-Land liegt. So beschaulich, wie sich die Ortschaft heute präsentiert, ging es nicht immer zu. Ganz im Gegenteil! In den vergangenen Jahrhunderten stand Bezzecca immer wieder im Brennpunkt fürchterlicher Schlachten und kriegerischer Auseinandersetzungen. Hier prägte einst Garibaldi den berühmt gewordenen Ausdruck „Obbedisco" - ich gehorche, den in der Region jeder kennt. Vom Schulkind bis zum Greis - alle sind mit diesem geflügelten Wort und der damit verbundenen Vorgänge vertraut. Freilich sind auch unsere Leser entsprechend bewandert, doch man hat ja nicht immer alles parat, deswegen folgt zur Auffrischung eine kurze geschichtliche Abhandlung.

Anno 1866 begann Preußen den Krieg gegen Österreich. In der Hoffnung, Venetien zu befreien, verbündete sich Italien mit Preußen - das war der Anfang des Dritten Einigungskrieges. Feldherr Giuseppe Garibaldi schickte sich an, das Trentino zu erobern, und kämpfte an der Spitze von 40.000 freiwilligen Soldaten. In Bezzecca fand am 21. Juli 1866 eine fürchterliche Schlacht statt mit dem Ergebnis, dass sich die österreichischen Truppen zurückziehen mussten. Just als Garibaldi sich rüstete, weiter in Richtung Gardasee vorzudringen, erreichte ihn die Nachricht vom Waffenstillstand zwischen Italien und Österreich. Gleichzeitig ging damit der Befehl des Generals Marmora einher, sich aus dem Trentino zurückzuziehen. Zu diesem Zeitpunkt befand sich Garibaldi gerade auf dem Dorfplatz von Bezzecca, und er beantwortete diesen Befehl lakonisch mit dem berühmt gewordenen Wort „Obbedisco". Auf Deutsch heißt das „ich gehorche".

Na, haben wir Ihre Geschichtskenntnisse wieder auf Vordermann gebracht? Schön! Sollten Sie allerdings über unseren Bericht eingenickt sein, dann seien Sie uns wenigstens für das erquickende Schläfchen dankbar!

Für unseren Besuch in Bezzecca nahmen wir uns gut einen halben Tag Zeit. Wir besichtigten das Museo Garibaldino, das Ossuarium und die dazugehörende Kirche.

Auf der sog. „Historischen Wanderung" streiften wir durch weitläufige Schützengräben und Stellungen. Mahnmale und Gedenksteine erinnern an die Schrecken des Ersten Weltkrieges. Auch zu dieser Zeit war das Gebiet hart umkämpft und nur allzu viele mussten ihr Leben lassen. Kurzum - am Abend dieses erlebnisreichen Tages hatten wir reichlich Gesprächsstoff und diskutierten die Themen ausgiebig. Doch schließlich wurden wir rechtschaffen müde, der Sandmann forderte uns energisch auf, ins Bett zu gehen. Wir krochen also in die Federn und ließen uns ins Land der Träume entführen.

Mitten in der Nacht schreckte ich hoch, bedingt durch eine schaurige Geräuschkulisse. Wechselweise erfüllte das WOMO ein Rasseln und Röcheln, gepaart mit langanhaltenden Pfeiftönen und bisweilen auch knappen Zischlauten. Dazu mischten sich ab und an aggressive Schnappgeräusche von erstaunlicher Phonstärke.

Hatten wir vielleicht ein wildes Tier an Bord?

Nein, des Rätsels Lösung war viel einfacher! Silvia lag mit halb geöffnetem Mund auf dem Rücken und schnarchte. Auf Grund irgendwelcher versiegelten Nasenkanäle entquollen ihr statt der sonstigen liebreizenden Worte, jene gerade beschriebenen Misstöne. Eine jahrelange Erfahrung lehrte mich aber, dass die zärtliche Berührung ihres Armes für Abhilfe sorgt. Meist dreht sich die Gute auf dieses Kommando hin zur Seite, was die sofortige Einstellung des nächtlichen Konzertes zur Folge hat. So versuchte ich auch dieses Mal mein Glück. Und siehe - die gewünschte Drehung setzte ein. Anders als sonst blieb aber der Vorgang nicht unkommentiert.

„Obbedisco, ich gehorche!" flüsterte Silvia gänzlich unbewusst im Schlaf, rollte sich zur Seite und schlummerte dem Morgen entgegen. Giuseppe Garibaldi musste einen starken Eindruck hinterlassen haben...

Hilfe auf Ungarisch

Kalocsa ist der Name eines nicht allzu großen Städtchens im Süden Ungarns und als Dreh- und Angelpunkt des Paprikaanbaues bekannt - man kann sogar fast sagen berühmt. Zur Erntezeit sind hier die leckeren Schoten allgegenwärtig. Die Markttische biegen sich unter ihrer schweren Last, die Hauswände sind damit behangen, und vor allem die schmalen roten Feuerteufel werden auf Schnüre aufgefädelt und schmücken die Straßen als Girlanden.

Mit diesen Informationen im Gepäck rauschten wir in den Ort hinein und waren schon neugierig der Dinge, die hier unserer harrten. Der Tag war herrlich. Die Sonne schickte ihre güldenen Strahlen von einem stahlblauen Himmel herab, den einige weiße Wölkchen zierten. Nahe der schmucken Kirche wartete schon ein schattiger Parkplatz unter ausladenden Kastanienbäumen auf uns, und wir bestätigten uns gegenseitig, dass genau so ein toller Urlaubstag aussehen müsste. Ich manövrierte unser Wohnmobil in die vorgesehene Lücke, wollte den Motor abstellen und den Schlüssel abziehen.

Es ging nicht!

Dieser tausendmal gedankenlos durchgeführte Vorgang ließ sich nicht bewerkstelligen. Der Schlüssel saß bombenfest in seinem verdammten Schloss und rührte sich keinen Millimeter! Vorsichtig, doch mit deutlich mehr Nachdruck, versuchte ich mein Glück aufs neue. Nichts! Es folgten brachialere Versuche, aber auch diese endeten erfolglos. Silvia, die sich bereits für unseren Erkundungstrip fertig gemacht hatte, wurde langsam ungeduldig. Sie brachte mit kräftigen Worten zum Ausdruck, dass, wenn ich nicht bald käme, sie einen einsetzenden Verrottungsprozess des zu bestaunenden Gemüses erwarte.

Die Gute hatte den Ernst der Lage nicht realisiert und hielt meine verzweifelten Bemühungen für einen Scherz. Umgehend leistete ich intensive Aufklärungsarbeit, flocht dabei wohl einige (wenig druckreife) farbige Metaphern ein und erreichte damit ein gewisses Teamwork. Jetzt hantierten wir zu zweit an Schloss und Schlüssel herum, probierten neue vielversprechende Ideen aus und

verwarfen diese wieder, weil sie nicht fruchteten. Minute um Minute verging, und unser Diesel stand laut vor sich hinnagelnd auf dem Parkplatz. Ungarische Bürger schien dieser Umstand wenig zu tangieren, denn sie nahmen kaum Notiz von uns. Ein deutschsprechender Tourist allerdings berief sich auf die ohnehin schon stark belastete Umwelt und tippte sich zur Bekräftigung seiner Ausführungen an die Stirn. Wir schenkten ihm ein zuckersüßes Lächeln, kommentierten seine Sorge aber nicht.
Was tun? Wir erwogen, den Motor abzuwürgen, doch wie sollten wir ihn wieder in Gang bringen, wenn der Schlüssel einzementiert ist? Das war keine gute Idee! Wir beschlossen, erstmal die Parklücke zu verlassen und ein bisschen umherzufahren, um vielleicht eine Werkstatt zu finden, in der man uns weiterhelfen könnte. Noch vor kurzer Zeit lobten wir emsig diesen herrlichen Urlaubstag, korrigierten jetzt aber dieses Urteil drastisch und setzten eine Neubewertung an.

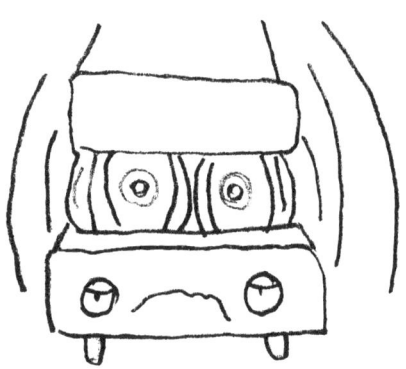

„So ein Misttag", wetterte Silvia, und ich konnte es nur bestätigen. Auf unserer unfreiwilligen Sightseeing-Tour trafen wir zunächst auf zwei japanische Autowerkstätten, danach auf einen Opel-Händler und schließlich auf eine Fordniederlassung. Dieser glückliche Umstand stimmte uns wieder zuversichtlicher, zumal sich das Haus sehr ordentlich präsentierte. Wir stellten unser Fahrzeug mit brummelndem Motor auf der Parkfläche ab und sprachen bei den Monteuren vor. Deren Deutsch war so gut wie unser Ungarisch schlecht ist. Ein Erklärungsversuch bezüglich der Wehwehchen unseres Mobils scheiterte. Kurzer Hand schnappte ich mir einen Schrauber und zeigte ihm direkt am Objekt das Leiden des Patienten. Ein kurzes Leuchten im Anblick des Mannes signalisierte uns: Jetzt hat er es kapiert! Natürlich nahm er das Problem zunächst nicht für voll, griff von außen cool und elegant ins Wageninnere, um mit einer kleinen Drehung unseren Diesel zum Schweigen zu bringen. Das funktionierte freilich nicht! Nun bemühte sich der Monteur ans Volant und versuchte - schon deutlich weniger cool - konzentriert den Fehler zu beheben. Doch der Schlüssel steckte im Schloss und ließ sich auch nicht von geübten Mechanikerhänden zu irgendwelchen Bewegungen hinreißen. Unser Schrauber deutete uns daraufhin, dass er mit dem WOMO in die Werkstatt fahre. Wir nickten, denn wir hielten dies für eine ausgezeichnete Idee. Allerdings haperte es an der Verwirklichung, das Eingangstor war zu niedrig, und so begannen die Reparaturarbeiten quasi zwischen Tür und Angel. Wenigstens stand jetzt diverses Werkzeug in greifbarer Nähe zur Verfügung. Unser Monteur wählte sich einige Teile aus und machte sich munter ans Werk. Ein viertel Stündchen verging und noch eins. Wir wollten dem braven Mann nicht unbedingt auffällig auf die Finger schauen. Deswegen stiefelten wir nervös im Hof hin und her und linsten bisweilen zu unserem fahrbaren Haus hinüber, in der Hoffnung, alsbald durchgreifende Erfolge verzeichnen zu können.

Fehlanzeige! Unsere Hoffnungen wurden nicht erfüllt. Die anfängliche Souveränität des Bastlers wich einer ausgeprägten Ratlosigkeit, die bisweilen noch durch angestrengtes Kopfkratzen unterstrichen wurde. Bald nahte Unterstützung. Ein zweiter Mann klinkte sich ins Geschehen ein, man beriet sich, und es wurde gewerkelt. Ab und zu tauchte noch ein dritter Helfer auf und griff den ersten beiden - zumindest verbal und gestikulierend - unter die Arme. Unser Cockpit sah erschreckend aus. Lenkradlos mit einem Gewirr von Kabeln, gleichsam wie ausgeweidet, präsentierte es sich dem Betrachter.

Wir beobachteten die Abläufe weiter aus dem Augenwinkel und tappten nach wie vor im Hof auf und ab. Einer der Männer kam nun auf uns zu, klopfte mir beschwichtigend auf die Schulter und deutete uns, einen Kaffee zu trinken. Vielleicht hatte er auch nur Angst, dass wir nachhaltig das Hofpflaster ruinieren würden.

Reichlich zwei Stunden waren bereits seit Beginn der Aktion verstrichen. Der Nachmittag neigte sich allmählich dem Abend entgegen. Wir gewöhnten uns langsam an den Gedanken, die Nacht auf dem Werkstattgelände verbringen zu dürfen. Silvia befürchtete zudem eine gewaltige Belastung des Urlaubsetats. Irgendwie multiplizierte sie die fleißigen Hände mit dem Zeitfaktor und addierte dazu einen angenommenen Betrag für Ersatzteile. Das Ergebnis baute nicht unbedingt auf...

„Zu blöd, dass man sich nicht verständigen kann. Ich wüsste zu gern, wie wir dran sind", stellte ich leicht deprimiert fest.

Diesen „Verzweiflungsschrei" hörte ein junger Magyare, der im Moment die Werkstatt betrat.

„Wenn ich Ihnen behilflich sein kann, so brauchen Sie es nur zu sagen", verkündete er freundlich in bestem Deutsch. „Wo ist denn das Problem?"

Erstmal erleichtert, mich in meiner Muttersprache verständigen zu können, schilderte ich ihm die Umstände. Er konnte sich ein dezentes Grinsen nicht verkneifen, klopfte mir die Schulter und sprach:

„Das kriegen wir schon! Ich rede mal mit denen, und falls es länger dauert, bringe ich Euch in ein Hotel - wenn Ihr möchtet."

Gesagt, getan. Umgehend brach unser neuer ungarischer Freund mit den Werkstattleuten eine längere Diskussion vom Zaun. Daraufhin wandte er sich „informationsbeladen" wieder an uns.

„Das Schloss ist defekt (als ob wir es geahnt hätten!). Die haben Verschiedenes probiert, es wieder gangbar zu machen, doch es klappt nicht. Außerdem gibt es Schwierigkeiten mit irgendeinem Code. In einem Zentrallager, das so 50 km entfernt ist, wollten sie die entsprechenden Neuteile holen, aber das Passende ist nicht vorrätig. Jetzt versuchen sie noch einmal das so zu lösen. Wenn es nicht funktioniert, müssen entweder die Ersatzteile bei Ford in Köln geordert werden - und das kann dauern - oder die schließen Euer Fahrzeug kurz.

Dann müsst Ihr den Motor mit dem Schraubenzieher oder so starten, das ist zwar keine richtige Reparatur, aber Ihr wäret wieder einsatzfähig".

Das Wörtchen „einsatzfähig" klang wie Musik in meinen Ohren, und mit der Methode „Schraubenzieher oder so" würde man schon zurechtkommen. Ich bat unseren Dolmetscher, den Mechanikern unseren Wunsch nach baldiger Einsatzfähigkeit nahezubringen. Natürlich wurde das Anliegen prompt erledigt.

„In einer halben Stunde ist die Ampel auf grün", frohlockte unser helfender Engel. „Die haben zwar jetzt schon Feierabend, wollen Euch aber nicht hängen lassen".

Nun - der geneigte Leser wird unsere Erleichterung verstehen, vielleicht auch das etwas mulmige Gefühl bezüglich der zu erwartenden Rechnung nachvollziehen können. Der Arbeitseinsatz zog sich mittlerweile fast 3,5 Stunden hin, und es waren immerhin bis zu drei Leute beschäftigt. Der große Moment kam. Man erklärte uns die Schraubenziehermethode und - siehe da - es funktionierte! Wir strebten in Begleitung des Dolmetschers der Rezeption des Hauses zu, um unsere Schulden zu begleichen. Der Chef persönlich nahm sich unserer an, entschuldigte sich zunächst über die unsachgemäß durchgeführte Reparatur und wünschte anschließend eine gute Fahrt.

Wir beteuerten, mit der erreichten Lösung glücklich und zufrieden zu sein. Ich hatte bereits die Brieftasche gezückt und wollte bezahlen. Doch der Chef machte eine abwehrende Handbewegung, verbunden mit einem Wortschwall, dessen Bedeutung unser Übersetzer gleich ins Deutsche übertrug.

„Aber ich bitte Sie, wir haben den Fehler nicht ordnungsgemäß beheben können - das sagte ich ja bereits. Für diese Arbeit stellen wir Ihnen nichts in Rechnung".

„Die Botschaft hör` ich wohl, allein mir fehlt der Glaube", schossen mir da Goethes Worte durch den Kopf. Ich hakte noch einmal nach, doch am Sachverhalt änderte sich nichts. Wir wurden unser Geld nicht los. Inzwischen marschierten die Mechaniker auf, die sich schon „feierabendfein gestylt" hatten, und wir versuchten, uns mit einem angemessenen Trinkgeld zu revanchieren. Wir hatten reichlich Mühe verursacht - das war uns wirklich peinlich! Um die Übergabe unserer Zuwendung ein bisschen nett zu gestalten, empfahl ich eine kleine abendliche Feier, bei der sich die Herren einige Bierchen schmecken lassen sollten. Doch schon wie beim Chef wurde auch an dieser Adresse die Geldannahme verweigert - kategorisch und mit Nachdruck. Einer der Schrauber trat auf mich zu, klopfte mir die Schulter (meine arme Schulter musste an diesem Tag viel erdulden) und versuchte sich auf Deutsch:

„Du heute viel aufgeregt, du Bier trinken".

Mit diesen Worten stopfte er mir das Geld irgendwo ins Hemd und meinte wohl, ich könnte einen kräftigen Schluck des Abends notwendiger haben als er. Nach einigem Hin und Her (die Schulter begann bereits zu schmerzen) gelang es mir letztendlich, wenigstens einen Teilbetrag an den Mann zu bringen, und schließlich zogen wir von dannen.

Zu unserem Gefühl der Freude und Dankbarkeit gesellte sich ein weiteres Empfinden. Es war uns schlicht peinlich, diese selbstlose Hilfeleistung in Anspruch genommen zu haben.

Man stelle sich das Szenario einmal unter umgekehrten Vorzeichen vor. Eigentlich kaum nachvollziehbar, dass ein ungarischer Bürger in Deutschland die gleichen Erfahrungen verbuchen könnte. Unserer Meinung nach würde das Ergebnis wohl beschämender ausfallen...

Große Freiheit in Modena

Wieder einmal stand ein Urlaub im Süden auf dem Plan. Wir waren bereits bis Modena vorgedrungen, als uns die große Müdigkeit überfiel. Bei der nächsten Abfahrt, so beschlossen wir, verlassen wir die Autobahn und suchen uns ein ruhiges Fleckchen, um die müden Häupter aufs Kissen zu betten. Schnell entdeckten wir ein riesiges Parkareal, auf dem nur wenige Fahrzeuge standen.

„Bei den Bäumen da drüben wäre es doch recht hübsch", stellte Silvia sachkundig fest, „ein WOMO steht ja auch schon da."

Wir suchten uns also ein Plätzchen im Schattenbereich in gebührendem Abstand zu dem kleinen Wohnmobil, vor dessen Türe eine Frau saß und einen Vino trank. Wir nickten zum Gruß und erhielten ein kräftiges „ciao" zur Antwort. Mit einer kleinen Brotzeit stillten wir unseren Hunger, kletterten danach ins Dachstübchen und begaben uns in Morpheus` Arme.

Irgendwann erwachte ich recht unsanft durch das Dröhnen zweier durchdringender LKW-Fanfaren. Fast gleichzeitig roch ich den Duft frisch gebrühten Kaffees. Silvia hatte sich bereits erhoben und natürlich sofort ein gutes Werk getan.

„Kaffee ist fertig", tönte es verheißungsvoll von unten.

Ich folgte dem Ruf und bemerkte, dass die letzten Sonnenstrahlen längst verblasst und schon die blauen Stunden angebrochen waren.

Silvia empfing mich mit neuem Wissen: „Verdammt laut ist das hier geworden! Ständig hört man Stimmengewirr und Gejohle, Autos kurven hin und her, da ist so richtig Bewegung drin! Wir müssen mal nachsehen, was da los ist."

Ein Großteil des Platzes war vom WOMO-Fenster aus nicht einsehbar, im Blickfeld lag nur das Wohnmobil, vor dem sich am Nachmittag die Dame beim Wein vergnügt hatte.

Als Silvia meinem Blick dahingehend folgte, hob sie erneut an: „Das ist auch seltsam. Vorhin brannte über der Türe ein grünes Licht, jetzt leuchtet da ein rotes - und irgendwas quietscht an dem Wagen!"

Nachdem der Tag für uns wenig bewegungsintensiv verlaufen war, bot sich noch ein ausgiebiger Spaziergang an. Dabei ließ sich auch vorzüglich die Neugierde befriedigen, die sich unserer bemächtigt hatte. Wir beendeten das gemütliche Kaffeepläuschchen und verließen unser trautes Heim. Der obere Teil des ausladenden Parkplatzes hatte sich mit PKWs und LKWs gefüllt und daneben, auf einem Wiesenfleck, palaverte und schnatterte eine lockere Menschentraube. Gerade rollten zwei weitere Kapitäne mit ihren Brummern ein. In den Führerhäusern tanzten und blinkten bunte Lichter. Langanhaltend und dröhnend erscholl das Horn des ersten Lasters in den Abendhimmel. Die Antwort des zweiten kam genauso phongewaltig, wenn auch etwas differenzierter in der Tonwahl - der Musikliebhaber wurde mit den Klängen von „La Cuccuracha" verwöhnt.

„Die kommen nicht bloß, die erscheinen", kommentierte Silvia die Situation.

„Wen wollen denn die beeindrucken?"

Die Antwort ließ nicht lange auf sich warten. Nachdem wir uns dem Spektakel ein paar Schritte genähert hatten, entpuppte sich die lockere Menschentraube als eine Ansammlung lockerer Mädchen. Etwa 30-40 Damen verschiedener Couleur und verschiedenen Volumens bogen sich hier im lauen Abendwind den Blicken der Brummifahrer und anderer Interessierter entgegen. Ihre Dienstuniformen - kaum mehr als handbreite Minis und stoffarme Tops - erlaubten weitgehend das Erkennen des Wesentlichen. Bisweilen zierten lange Zigarettenspitzen die grell geschminkten Gesichter, und um die Handgelenke wirbelten artistisch geschwungene, pelzchenbesetzte Handtaschen. Eine der Damen brillierte mit einem lasziv geschütteltem Busen, wobei der Inhalt das Top zu verlassen drohte.

„Mann, wir sind auf dem Straßenstrich gelandet", platzte Silvia heraus und riss mich damit aus meinen Studien.

Ich war allerdings zu der gleichen Erkenntnis gelangt und hielt einen Rückzug für angebracht. Wir stiefelten retour zu unserem fahrbaren Häuschen, und in diesem Moment öffnete sich die Türe des Nachbar-WOMOs. Das Außenlicht wechselte von rot auf grün und ein Herr mühte sich heraus. Er wirkte entspannt und zufrieden. Jetzt erschien hinter ihm die Dame, die wir bereits am Nachmittag kennengelernt hatten, verabschiedete den Entspannten und Zufriedenen mit einer elegant zugeworfenen Kusshand und einem gehauchten „Ciao bello".

Seit unserer Ankunft vor ein paar Stunden hatte sich die Lady gravierend verändert. Statt biederem Trainingsanzug trug sie nun Dienstuniform, wie oben beschrieben. Die kurzen braunen Haare waren erblondet und wallten bis zur Schulter herab. Es gibt eben Dinge zwischen Himmel und Erde...

„Mmmmh", äußerte sich Silvia nach einer kurzen Verarbeitungsphase und vergrub das Kinn in der Hand.

„Eigentlich glaube ich es auch nicht", nahm ich den Faden auf und schloss mich ihrer klaren Aussage an: „Mmmmh".

Noch während wir zweifelten, eilte ein weiterer Mann heran und begehrte klopfend Einlass. Ihm ward aufgetan! Die Erblondete empfing ihn mit einem zuckersüßen Lächeln und hauchte „Ciao bello". Der Verschlag schloss sich wieder, das grüne Licht erlosch und das rote Lämpchen begann zu schimmern. Alsobald setzten jene Quietschgeräusche ein, die Silvia schon zuvor so seltsam anmuteten.

Wir beschlossen, für diese Nacht einen anderen Standort zu wählen. Auf eventuelle Klopfgeräusche an unserer Tür waren wir nicht erpicht. Außerdem hätte es wohl für das perfekt gehauchte „Ciao bello" noch einiger Übung bedurft...

Grenzerfahrungen

Nichts als heiße Luft

So furchtbar lange ist es gar nicht her! Die Europäische Union steckte noch in den Kinderschuhen, und zwischen den einzelnen Ländern gab es noch „richtige" Grenzen. In der Regel musste nicht mit Problemen gerechnet werden. Man zeigte seinen Ausweis und durfte passieren. Doch Ausnahmen bestätigen die Regel. Mitten im Herzen Europas liegt ein kleiner Alpenstaat, an dessen Grenzen brillante Zollbeamten heroisch ihren Dienst versahen. Diesem Umstand verdanken wir die nachfolgend aufgelisteten kleinen Erlebnisse.

Es begab sich an einem vielversprechenden Morgen im Wonnemonat Mai. Die ersten Silberstreifen zeichneten sich bereits am noch dunklen Firmament ab, als wir uns mit unserem gut bepackten alten VW einem kleinen Grenzübergang näherten, der Deutschland mit Österreich verband - bzw. trennte. Im spärlich beleuchteten Zollhäuschen der deutschen Seite saßen, bequem zurückgelehnt, zwei Zöllner, die ihre Augen mit tief ins Gesicht gezogener Mütze vor dem mörderischen Licht der 25-Watt-Birne schützten. Gemächlich rollten wir vorbei. Eine Reaktion der Herren blieb aus. Der Tag ist lang, die Kräfte wollen eingeteilt sein!

Einige hundert Meter weiter stießen wir auf den österreichischen Beamten. Körperhaltung und Sitz der Mütze kamen uns seltsam bekannt vor, doch kaum, dass wir seiner gewahr wurden, schnellte er aus seinem Sessel empor, um flugs aus seiner Hütte zu schießen. Streng und dienstbeflissen bedeutete er uns, anzuhalten.

„Den Führerschein und die Fahrzeugpapiere", schnurrte er sonor.

Wenigstens „bitte" hätte er schon sagen dürfen, dachte ich, zwang mich aber zu einem freundlichen Lächeln und reichte ihm das Gewünschte. Kommentarlos griff er danach und begann nun einen mehrmaligen Rundlauf um unser Fahrzeug. Dazu verweilte er für einen Moment an jedem Reifen, um jeweils denselben mit seiner Fußspitze malträtieren. Zu Beginn der dritten Runde stoppte er am vorderen Kennzeichen. Ein maliziöses Grinsen breitete sich im Antlitz des Beamten aus.

„Die Abgasuntersuchung ist abgelaufen", tönte er und schien froh, dieses Verbrechen aufgedeckt zu haben.

Nun war Aufklärungsarbeit meinerseits angesagt. Ich teilte ihm mit, dass Fahrzeuge vor Baujahr 68 keine Abgasuntersuchung mehr benötigen und dass diese Pflichtübung bereits seit geraumer Zeit ad acta gelegt wurde. Das maliziöse Grinsen entwich seinen Zügen, Verblüffung ersetzte die Leere seines Gesichtsausdruckes. Er zog sich in seine Dienstkemenate zurück und tätigte einen Telefonanruf. Die gleiche Information, die er bereits von uns erhalten hatte, musste er wohl nun auch frühmorgens um vier einem anderen bedauernswerten Menschen entlockt haben. Leicht geknickt kehrte er zurück, baute sich neben dem Seitenfenster auf und bellte zu uns herein:

„Aber dann entfernen Sie wenigstens den alten Stempel vom Kennzeichen!"

Ich versicherte ihm, ich werde selbstverständlich seinen Rat befolgen und diesem Wunsch nachkommen, in der Hoffnung in Frieden weiterreisen zu dürfen. Natürlich erfüllte sich diese Hoffnung nicht. Sogleich sahen wir uns der nächsten Attacke ausgesetzt.

„Wo wollen wir den hinfahren?" Auf diese scheinbar harmlose Frage war Silvia nun geneigt zu antworten, dass wir natürlich nicht wüssten, wo er gerne hinreisen möchte, aber unser Ziel sei die Insel Elba. Silvia ist freilich eine liebreizende Dame und entschloss sich, den Grenzler mit einer solchen Entgegnung nicht zu überfordern. Schlicht erwiderte sie nur: „Nach Elba".

„Das ist ja eine lange Strecke", stellte der Zöllner sachkundig fest. „Da muss das Auto verkehrssicher sein! Sie haben viel Gepäck dabei, hoffentlich ist der Wagen nicht überladen. Wir haben hier eine sehr schöne Waage, da wollen wir doch einmal drauf fahren und die ganze Geschichte überprüfen".

Natürlich war ich weit davon entfernt, das zu wollen, und wünschte dem Mann Durchfall und vermehrten Harndrang an den Hals. Doch ich nickte zustimmend und sagte freundlich: „Aber gerne!"

Mit elegantem Schwung rollten wir auf das Prüfgerät. Uns schwante Übles. Trotzdem, dass wir beide während des Wiegevorganges die Bäuche einzogen, wies das vermaledeite Ding eine Überladung von mehr als 10% aus. Die Stirn des Beamten durchfurchten nun tiefe Falten, er schien wohl ernsthaft um unsere Sicherheit besorgt. Im Geiste sah ich mich schon unsere schönen Bierkartons ausladen und schlimmer noch - ich sah den Zöllner unser Bier wegschlucken: Dose für Dose. Noch während ich an dieser deprimierenden Vorstellung knabberte, trat der beflissene Staatsdiener auf mich zu und drückte mir die Papiere in die Hand. Gönnerhaft verkündete er: „Na, da wollen wir doch ein Auge zudrücken, vor allem weil es ja so ein schöner alter VW ist. Gute Reise!"

Wir konnten unser Glück kaum fassen. Zwar fehlte uns mittlerweile eine Stunde unserer kostbaren Urlaubszeit, doch den Fängen der Staatsgewalt waren wir entronnen. Da verstehe einer die Österreicher...

Mein kleiner grüner Kaktus

Der Februartag war trüb, kalt und unfreundlich. Dicker Rauhreif hing an den kahlen Ästen der entblößten Baumgerippe. Wir befanden uns auf der Rückreise von Tunesien. Dort genossen wir bereits milde Vorfrühlingstage, und daher war dieser ungemütliche Wintertag nicht gerade dafür prädestiniert, unsere Laune zu steigern. Aber dennoch - die Alpenpässe lagen hinter uns, und wir freuten uns auf zu Hause. Noch schnell über die österreichische Grenze, und dann ist es ja gar nicht mehr so furchtbar weit. Zügig nahmen wir die letzten Kurven unter die Räder und näherten uns schließlich dem Schlagbaum. Weit und breit war kein Fahrzeug zu sehen. Zwei Zöllner patrouillierten vor ihrem Diensthäuschen auf und ab. Acht Schritte hin, acht Schritte zurück.

„Die haben Angst sich zu verlaufen", konstatierte ich. Doch plötzlich realisierte ich zwei Dinge. Die Herren brauchten eine Aufgabe, und diese Aufgabe sind wir! Man gebot uns Einhalt und verlangte die Dokumente.

„Haben Sie etwas anzumelden", fragte Zöllner Nummer eins lauernd. Er schien der Ranghöhere zu sein, denn sein Jackett zeigte sich etwas aufwendiger verziert als das des anderen Beamten.

„Nein", antwortete ich reinen Gewissens, denn außer gebrauchter Wäsche und einiger unverfänglicher Souvenirs hatten wir nichts zu bieten.

„Wo kommens denn her!"

Mit dieser Frage klinkte sich nun Zöllner Nummer zwei in die kleine Diskussionsrunde ein. Gerade als Silvia die Lippen formte und „Tunesien" artikulieren wollte, fing sie meinen warnenden Blick auf und sprudelte geistesgegenwärtig statt dessen „Italien" heraus. Das entsprach der Wahrheit ebenso - denn Schwindeln würde Silvia natürlich nie. Nummer eins (der mit dem reichhaltigen Zierrat an der Jacke) blätterte indessen in unseren Pässen und fand etwas, das ihm zu Freude gereichte.

„Ha", tönte er mit Sachverstand, „da sind ja Stempel von Tunesien drin. Ich dachte, Sie kämen aus Italien!"

Mit einem gedehnten „nuun" bereicherte ich das Gespräch und fügte noch hinzu: „Da waren wir vorher".

Jetzt traf uns die geballte Kraft des Gesetzes. Man bat

uns, auszusteigen. Obwohl diese Bitte reichlich unhöflich gestellt wurde, kamen wir ihr dennoch nach. Nummer zwei begehrte Einlass in unser Mobil, was wir ihm auch großzügig gewährten. Zielstrebig zog er den Vorhang zum Alkoven beiseite, wohl in der Annahme, in unseren Kissen Scheherezade schlummernd vorzufinden. Nachdem diese Suche nicht von Erfolg gekrönt war, wandte er sich der Sanitärkabine zu. Freilich saß auch hier keine Haremsdame auf dem Thron. Enttäuscht begann der fleißige Mann mit der Sondierung der Schränke. Wunschgemäß öffneten wir ihm alle Klappen und Türen und beobachteten, wie er unsere Unterwäsche und Ähnliches nach irgendwelchen fatalen Gegenständen absuchte.

Nummer eins (der mit der Designerjacke) beaufsichtigte anfänglich mit Kennermiene die Aktion, entfernte sich dann aber, um kurz darauf mit „Rudi" zurückzukehren. „Rudi sei ein Rauschgifthund", klärte er uns auf, und würde jetzt auf unser Fahrzeug losgelassen. Für eventuelle, durch Rudi verursachte Beschädigung könnten wir den österreichischen Staat in die Pflicht nehmen.

Auch wir hatten bereits Rudi einwandfrei als Hund identifiziert und die Suche nach Rauschgift fast vermutet, doch letzter Teil der gerade erhaltenen Information erstaunte uns gebührend.

„Ist ja ein toller Service vom österreichischen Staat", bemerkte ich anerkennend und erntete dafür einen bitterbösen Blick.

Rudi nahm seine Arbeit auf. Er streckte seine qualifizierte Schnüffelnase mal in diesen und mal in jenen Winkel. Rudi nahm seine Aufgabe ernst - bei so einem Herrchen als Vorbild war das auch nicht anders zu vermuten. Doch so redlich er sich auch mühte, die Mühe war vergebens. Rudi wurde schließlich für seinen Einsatz mit Streicheleinheiten verwöhnt und in seine Diensthütte zurückgeführt.

Silvia gab sich schon der Annahme hin, die Reise jetzt fortsetzen zu können. Doch da irrte sie, noch war es nicht ganz soweit. Nachdem diese Dienststelle mit einer Halle (versehen mit Hebebühne und Schacht) ausgerüstet war, sprach eigentlich nichts dagegen, diese auch zu benutzen. Ich bugsierte unseren Boliden über den

Schacht. Nummer zwei hatte es mir nahegelegt, ich wollte es ihm nicht abschlagen. Alsodann stülpte sich der emsige Beamte eine Schutzfolie über und verschwand in der Unterwelt. Ab und zu drangen metallische Geräusche zu uns herauf, und die Lichtblitze einer Stablampe zuckten - mal hier, mal da. Doch schon bald tauchte Nummer zwei wieder aus dem Hades auf. In diesem Moment zerschlugen sich meine Hoffnungen auf einen gründlich durchgeführten Kundendienst, es gab also keine Wiedergutmachung! Nummer zwei signalisiert seinem Vorgesetzten mit einem Schulterzucken und säuerlicher Miene seinen Misserfolg. Endlich reichte uns Nummer eins (der mit dem fescheren Kostüm) die Papiere zurück, was unserer Entlassung gleichkam. Gerade als wir durchstarten wollten, entdeckte er zwischen den Vordersitzen einen Beutel. In diesem Plastiksäckchen bewahrten wir Kakteenteile auf, die zur heimischen Weiterzucht bestimmt waren. Andenken an Tunesien.

„Was ist das?" kläffte der Beamte.

Mit dieser Frage musste eine intensive Neugier einhergegangen sein. Synchron zur Rhetorik erfolgte ein spontaner Zugriff. Mir war es nicht mehr möglich, rechtzeitig die klärende Information zu geben. Es kam, wie es kommen musste. Nummer eins beeindruckte uns mit einem verhaltenen Schmerzenslaut. Zornesröte überzog sein Antlitz und er stellte den Beutel zurück.

Mit den Worten: „Das hätten Sie doch gleich sagen kön-

Grenzerfahrungen 35

nen", verabschiedete er uns endgültig.
Wollte ich ja! Dass er aber auch so beamtenuntypisch schnell sein musste!
Nun - in wenigen Tagen werden sich die Stellen, in die die Stacheln eingedrungen und dort unweigerlich abgebrochen sind, entzünden. Danach werden die kleinen Bösewichter sukzessive herauseitern. Das sind Erfahrungswerte - davor ist man auch in schmucken Jacketts nicht gefeit!
Der kalte Februartag hatte etwas an Wärme gewonnen. Zufrieden fuhren wir nach Hause.

Sträfliche Aktion

Bei dieser Geschichte ist der Sachverhalt etwas anders gelagert als bei den beiden vorangegangenen. Wieder einmal verbrachten wir bunte Urlaubstage im schönen Österreich und - wieder einmal - war die heitere Zeit zu kurz. Unser Aufenthalt neigte sich dem Ende zu. Gemütlich brummelten wir mit unserem Wohnmobil Deutschland entgegen. In einer kleinen Gemeinde, kurz vor der alemannischen Grenze, hielten wir, nahe eines Tante Emma-Ladens, um noch ein bisschen Reise-Proviant einzuholen. Der Einkauf dauerte nicht allzu lange, doch als wir zu unserem Fahrzeug zurückkehrten, stand schon ein Empfangskomitee in Form zweier Polizisten bereit. Einer der Herren fixierte angespannt seine Uhr, alsobald und sofort begann der Kollege mit der Beschriftung eines Blockes in seiner Hand. Inständig hoffte ich, der Gesetzeshüter würde vielleicht unser Wohnmobil nur zeichnen, weil es gar so fotogen in der Landschaft steht, doch der Grund seiner Aktivität war freilich ein anderer. Wir hatten im Halteverbot geparkt und dadurch den Arbeitseifer der Gendarmen geweckt. Ich fand das Gebotsschild fehl am Platze und eigentlich war es ganz schlecht zu sehen - schließlich hatte ich es ja auch nicht entdeckt! So ging ich also auf die Herren zu, begrüßte sie freundlich, teilte ihnen meine Regungen mit und ließ sie um meine Meinung wissen. Wie zu befürchten stand, waren

sie auf meine Äußerungen nicht erpicht, und auch Silvias charmantes Lächeln verfehlte seine Wirkung.
„Sie haben ganz klar die erlaubte Zeit überschritten", blaffte uns der Herr mit dem Chronometer an, „leider müs-

sen wir Ihnen ein Strafmandat ausstellen, bedaure!"
Das Bedauern war zwar gänzlich auf unserer Seite, aber natürlich waren wir uns der Schwere dieses Vergehens bewusst und lechzten förmlich nach Bestrafung. Der schriftführende Gendarm hatte inzwischen seine Buchstaben auf das Papier sortiert und kurz vor Fertigstellung seines Kunstwerkes überraschte er uns mit einer Frage.
„Stehen Sie eigentlich am Beginn Ihrer Reise oder sind Sie auf der Heimfahrt?"
Wir wunderten uns über das plötzliche Interesse an unserem Schicksal, und Silvia entgegnete mit Mitleid heischendem Blick:
„Nachdem jetzt eine außergewöhnliche Belastung unseres Urlaubsbudgets zu erwarten ist, bleibt uns gar nichts anderes übrig, als heimzufahren."
„Aha", brummte der Beamte, ohne auf den kleinen Scherz einzugehen, und hakte noch einmal nach:
„Begeben Sie sich auf direktem Wege nach Hause?"
Die Hartnäckigkeit des Gendarmen erstaunte mich, doch ich nickte bereitwillig. Jetzt war der große Moment gekommen, und der Arm des Gesetzes griff nach unserem

Vermögen. Wir bezahlten eine erkleckliche Summe und erhielten im Gegenzug den Strafzettel.

Etwas grummelig setzten wir uns in unser fahrbares Haus und brausten von dannen. Bald passierten wir die Grenze und rollten wieder durch heimische Gefilde.

Zurückgekehrt in die eigenen vier Wände, packten wir unsere Sachen aus, und dabei fiel uns auch der Strafzettel in die Hände. Andächtig begutachteten wir das österreichische Prachtstück, und plötzlich entdeckte Silvia einen Fauxpas.

„Schau mal - die haben vergessen, den Betrag einzusetzen, also ganz fit waren die auch nicht!"

Ich konnte das bestätigen, verschwendete keine weiteren Gedanken darüber und freute mich nur noch auf mein Bett. Schließlich übermannte mich der Schlummer, der mir einen eigenartigen Traum bescherte. Ich sah die zwei österreichischen Gendarmen in ein interessantes Gespräch vertieft.

„Karli", sagte der eine, „du hast es ja hoffentlich mitbekommen, die Piefkes sind auf dem Heimweg, die sehen wir so schnell nicht wieder".

Der andere Polizist grinste und antwortete: „Na klar, und dummerweise habe ich vergessen einen Betrag auf den Strafzettel zu schreiben. Das passiert mir doch immer wieder!"

„Hol es nach Karli", befahl nun sein Kollege. „Aber schreib nicht zu viel rein, schließlich wollen wir auch ein bisserl leben".

„Wem sagst du das, wem sagst du das", kam nur die Antwort.

Letztendlich verblassten langsam die Gesichter der Gesetzeshüter, und die Traumwelt wich wieder dem reellen Dasein. Ich war wieder wach und schüttelte, ob dieser haarsträubenden Geschichte, das Haupt.

Tja, aber Träume sind bekanntlich Schäume, oder etwa doch nicht...?

Geschäftsverbindungen

Gold und Silber

Wer oft auf Reisen ist, trifft viele Menschen - natürlich auch Geschäftsleute. In der Regel sind das sehr ehrbare Menschen, die sich im Schweiße ihres Angesichts ihr täglich Brot verdienen. Sie betreiben in aller Ehrlichkeit kleine und große Läden, handeln mit Wurst, Käse, Büstenhaltern, Radioapparaten, Schuhen, Gemüse - kurz mit all dem, was der Bürger eben so benötigt. Diese Gruppe lassen wir aber außer acht, vielmehr wollen wir ein wenig Licht in eine Randabteilung der Geschäftswelt bringen - nennen wir sie mal die Geschäftsunterwelt. In diesem Hades bewegen sich die verschiedensten Typen. Schmierige Burschen, denen die Unredlichkeit schier aus den Gesichtszügen wuchert, aber auch scheinbar distinguierte Herrschaften, die stets in gepflegter Kleidung agieren. Vertreter beiderlei Spezies belieben Aktionsfelder auszuwählen, die sich durch einen hohen Menschendurchsatz sowie eine gewisse Anonymität auszeichnen. Ein weitläufiger Hafen mit regem Fährverkehr erfüllt beispielsweise die gewünschten Bedingungen perfekt. Vor allem, wenn es Neapel ist!
Wir liefen im besagten Hafen ein, in der Absicht, uns nach Malta schippern zu lassen. Nachdem die Einschiffungsformalitäten erledigt waren, blieb uns noch geraume Zeit, bis grünes Licht zum „Entern" der Fähre gegeben werden sollte. Wir entschlossen uns zu einem Rundgang und beobachteten das muntere Treiben. Dabei führte uns der Weg an einem geparkten Alfa Romeo vorbei, in dem ein sonnenbebrillter Herr mit ölgetränktem Haupthaar saß. Kaum, dass er uns wahrgenommen hatte, sprang er auch schon aus dem Wagen und begrüßte uns mit einem Hollywood-Blendax-Lächeln:
„Buon giorno, signori, buon giorno"
Wahrscheinlich war ihm eine fundierte Menschenkenntnis zu eigen, denn er stufte uns sogleich als deutschsprachig ein und lag damit auch keinesfalls falsch.
„Iche bine Juwelier", teilte er uns ungefragt mit italieni-

schem Akzent mit und ergänzte: „Meine Name isse Rossi, Giuseppe Rossi".

Unser Name schien ihn nicht zu interessieren, zumindest ließ er uns gar nicht zu Wort kommen. Nahtlos an seine Vorstellung hob er an zu einem Schwank aus seinem Leben. Zuerst erfuhren wir, dass er heute ausgesprochen gute Laune habe. Nun, wir gönnten es ihm von Herzen und waren gespannt auf den weiteren Informationsfluss, der uns den Zweck seiner Ansprache offenbaren würde. Der gute (?) Mann ließ uns nicht lange im Unklaren. Er erzählte uns, er habe heute bereits drei Abschlüsse getätigt, drei Sätze echt goldenen Bestecks verkauft. Jetzt aber stünde ihm der Sinn nach etwas Zerstreuung, deshalb sei er zum Hafen gefahren.

„Das ist ja wunderbar für Sie", stellte ich etwas lakonisch fest. Strahlend nickte er und ging sofort in medias res.

„Isse auch wunderbar für Sie", verkündete er und wandte sich dabei mehr an Silvia. „Zufällig habe ich noch eine Satz übrig, müsse Sie anschauen. Echt Gold, mit Stempel, si und in schöne Lederkoffer".

Mit geübtem Griff langte Signor Rossi hinter die Vordersitze seines Alfas, zauberte einen Kasten hervor, der kurz darauf geöffnet vor uns auf der Motorhaube lag. Das goldene Besteck darin schien sich über das Tageslicht zu freuen und glänzte nach Leibeskräften in der Sonne. Der Juwelier schnappte sich einen Löffel, hielt ihn Silvia unter die Nase und verwies auf den Stempel.

„Schauen Sie, signora, ganz wertvoll und herrliche Arbeit. Die drei anderen Koffer habe iche verkauft, das Stück eine Million Lire (ca. 500 Euro). Iche bine glücklich über gute Geschäft, deswegen mache ich Ihnen eine tolle Angebot. Nur 300.000 Lire, isse Einkaufspreis! Aber iche möchte, dass Sie auch glücklich sind!"

Silvia blickte mich spitzbübisch an, und auch ich konnte mir ein Grinsen nicht verkneifen. Das Spielchen begann Spaß zu machen. Wir bewunderten das Set ausgiebig (isse sehr schön), gaben Giuseppe Rossi jedoch zu verstehen, dass unsere pekuniäre Situation angespannt sei. Unser Gönner zeigte sich nach wie vor frohgemut und auch bereit, deutlich unter seinen Selbstkostenpreis zugehen. Ich gestattete mir den Hinweis, er manövriere sich damit ordentlich in die Minuszone und das wäre doch unverantwortlich. Mit einer dramaturgisch wertvollen Handbewegung wischte er jovial meine Bedenken weg. Treuherzig erklärte er daraufhin:

„Schauen Sie, für drei Koffer habe iche, habe bekommen gute Preis. Sie sinde so nette Menschen, jetzt iche mache so billig - freuen Sie sich mit mir! Isse alles verkauft, kann iche machen neue Geschäfte".

Plötzlich störte ein Motorengeräusch unsere Verhandlungen. Dieses Geräusch rührte von einem Fahrzeug her, auf dessen Dach ein kleines Gehäuse lustige blaue Lichtblitze verschickte. Die Seiten waren mit den Lettern „Carabinieri" geschmückt. Das Frscheincn dieses Autos musste den Juwelier wohl auf das stärkste irritiert haben. In Windeseile klappte er das güldene Besteckset zusammen und ließ es flink hinter den Sitzen verschwinden. Gleichermaßen hurtig platzierte er sich am Steuer, startete die Maschine seines (?) Wagens und brauste von dannen.

Welche Beweggründe mochten den Ausschlag für den eiligen Aufbruch gegeben haben? Zum einen vielleicht

eine tief verwurzelte Abneigung gegen die Insassen besagten auftauchenden Fahrzeuges, zum anderen möglicherweise die Furcht, das Echtheitszertifikat der Ware könnte falsch interpretiert werden. Unter Umständen hätte man sogar die Löffelchen und Gäbelchen einem ganz anderen Eigentümer denn Signor Rossi zugeordnet.
Wir wissen nicht, welcher Misere der Juwelier entgangen ist. Definitiv steht aber fest, dass sich unsere Gäste auch in Zukunft mit unserem alten Tafelsilber begnügen müssen.

Leere Versprechungen

Diese Geschichte trug sich gleichsam in den Hafenanlagen Neapels zu, wenn auch zu einem anderen Zeitpunkt. Wir hatten eine Sitzgelegenheit gefunden und überbrückten die übliche Wartezeit, indem wir die nicht enden wollende Autoschlange beobachteten, die mühsam aus dem Bauch einer Fähre kroch. Der Bandwurm sortierte sich in eine Spur und robbte dem Ausgang zu. Dieser Vorgang wiederholte sich mehrmals täglich, was sich freilich einige Obst-, Eis-, und Limonadenverkäufer zunutze machten, um Speis und Trank an den Mann zu bringen. Zwischen diese Händler, die ihre Waren an fest installierten Ständen feil boten, mischten sich Fliegende Händler, neapolitanische Ragazzi, nur mit Plastiktüten oder Taschen ausgestattet, in denen sich diverse Zigarettenstangen und Alkoholika befanden. Mit reichlich aufdringlichem Gebaren sprangen die Burschen auf die Fahrzeuge zu und warben mit sensationeller Preisgestaltung um Kundschaft. Bei diesen Dumping-Angeboten lag der Gedanke sehr nahe, dass die Ware nicht auf dem aller geradesten Weg in die Hände der dynamischen Geschäftsleute gelangt sein konnte. Dennoch mussten wohl bei einigen Reisenden die Dollarzeichen in den Augen blinken. Der eine oder andere erlag der Versuchung, und so manche Marlborostange wanderte in Begleitung eines Fläschchens Ramazotti oder ähnlichem zum Gepäck ins Auto.
Wir saßen auf unserem „Beobachtungsposten" und kamen in den Genuss, Zeuge eines ganz in der Nähe ab-

laufenden Geschäftsvorganges zu werden. Ein älteres Ehepaar erstand eine Bottel Whisky und Zigaretten der gewünschten Marke. Der Mann musste geraume Zeit eine Zwangsabstinenz erduldet haben, denn die Entzugserscheinungen waren offensichtlich. Kaum, dass er die Stange bezahlt und in den Händen hatte, begann er auch schon, sie mit fahrigen Bewegungen aufzureißen. Nun geschah etwas Seltsames. Während der eine ragazzo noch konzentriert damit beschäftigt war, die gerade getätigten Einnahmen in seiner Jackentasche zu verstauen, hatte der andere Muße, die Bestrebungen des älteren Herrn zu beobachten - und das unverkennbar mit wachsendem Entsetzen. Nach einer kurzen Schrecksekunde hieb er seinem überraschten Kollegen vehement den Ellenbogen in die zarte Lende, der daraufhin das Geschehen registrierte und gleichsam erschrak. Die beiden wechselten einen schnellen Blick, der ein in Lichtgeschwindigkeit beschlossenes Abkommen beinhaltete. Praktisch synchron drehten sich die zwei um, legten einen Blitzstart hin und gaben ordentlich Fersengeld. Im Nu verschwanden sie irgendwo zwischen Containern und Kabeltrommeln im weitläufigen Hafengelände.

Was mochte der Anlass des eiligen Aufbruchs gewesen sein? Belastete es die sensible Psyche der neapolitanischen Jünglinge so stark, als sie des ausgeprägten Suchtverhaltens ihrer Kundschaft gewahr wurden, so dass sie sich mit Grauen abwandten? Eine eher unwahrscheinliche These. Das Rätsel sollte sich bald lösen!

Zwischenzeitlich war es dem Zigarettenkäufer gelungen, das Deckpapier der Stange zu entfernen. Er griff voller Erwartung in den Karton, und er griff ins Leere! Das heißt, seine Finger tauchten in ein Füllmaterial, welches das Gewicht der fehlenden Zigarettenschachtel ersetzte. Von Glimmstengeln keine Spur. Schlagartig erkannte der arme Mann, dass man ihn gelinkt hatte - mit einer geschickt zurechtgebastelten Attrappe. Wutentbrannt hob er zu einem lautstarken Lamento an.

„Diese Banditen, diese Ganoven..."

Es folgte eine derbe Schimpfkanonade, an der sich auch die werte Gemahlin nach Kräften beteiligte. Das änderte zwar nichts an der Situation, doch es verschaffte Erleichterung. Die Betrüger hatten sich längst aus dem Staub

gemacht, ihnen nachstellen schien zwecklos, und schließlich sahen die Eheleute das auch ein.
„Schauen Sie sich das an, schauen Sie sich das an!"
Die Frau trippelte zu uns herüber und hielt uns anklagend das Corpus delicti unter die Nase. In diesem Moment fiel ihr die Flasche Whisky ein, das zweite vermeintliche Schnäppchen dieses „deals".
„Mein Gott, hoffentlich ist der wenigstens echt", stammelte sie.
Gemeinsam nahmen wir das Fläschchen in Augenschein. Auf den ersten Blick zeigte es keine Auffälligkeiten, einer intensiveren Prüfung hielt es allerdings nicht stand. Das Stanniolpapier am Flaschenhals löste sich verdächtig leicht vom Hals. Die Misere nahm ihren Lauf. Auch die Verschlusskappe ließ sich ohne jedes Knackgeräusch öffnen, was nichts Gutes verhieß. Der Geruchstest kristallisierte sich als Meilenstein auf dem Weg der Erkenntnis heraus. Eine letzte vorsichtige Verkostung des Inhalts bestätigte die befürchtete Katastrophe. Statt des erhofften schottischen Whiskys floss hier nur schnödes italienisches Wasser - wenn überhaupt!?

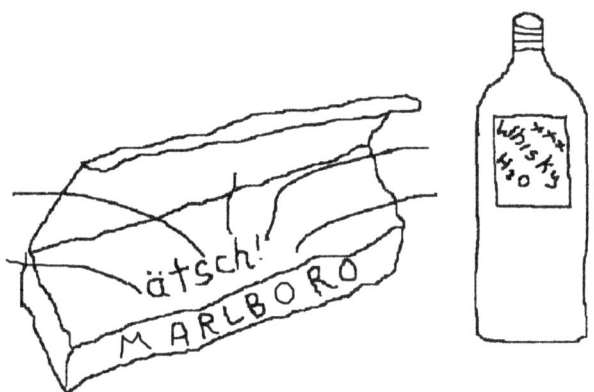

Das Ergebnis löste zunächst Staunen und dann eine gewisse Betroffenheit aus. Ziemlich ratlos (das stellt die feinere Umschreibung für dümmlich dar) schauten wir einander an. Plötzlich prustete der ältere Herr los und lachte lauthals. Mit dem Gelächter schien er seinen Ärger zu kompensieren, zudem ging er hart mit sich ins Gericht. Lachpausen nutzte er, um Selbstkritik zu üben. Mit Äußerungen wie beispielsweise:

„Mit etwas mehr Grips hätte ich mir das denken können", oder „Was bin ich für ein Trottel - mich mit diesen Schlitzohren einzulassen", geißelte und degradierte er sich selbst. Seine Gemahlin bekräftigte die Ausführungen mit heftigem Kopfnicken - Widerspruch hielt sie wohl für nicht angebracht.
Tja, dem ist eigentlich nichts hinzuzufügen...

Vorstandsgespräche

Die Tankanzeige unseres Wohnmobils stand auf „Durst". Wir befanden uns auf der Rückfahrt aus süditalienischen Gefilden und hatten schon einige Stunden auf der Autobahn zugebracht. Im Dunstkreis der Großstadt Bologna steuerten wir eine Tankstelle an, um unserem fahrbaren Haus ein „Fässchen" Diesel zu spendieren. Anschließend liefen wir den benachbarten Parkplatz an, denn uns stand ebenso der Sinn nach einer Brotzeit. Natürlich lungerten auch hier einige der mittlerweile hinreichend bekannten „Kaufleute" herum. Wunderbare Angebote schienen also - wieder mal - vorprogrammiert! Es kam, wie es kommen musste. Noch bevor wir den ersten Bissen unseres Dinners genießen konnten, klopfte es an unserer Tür. Die Neugier übertrumpfte das Hungergefühl, und so öffnete ich. Ein schwarzgelockter Jüngling strahlte mich an und schmetterte mir entgegen:
„Buon giorno, signore".
Ich grüßte freundlich zurück, stapfte hinaus und harrte der Dinge, die da kommen sollten. Mein Gegenüber überraschte mich gleich zweifach. Zum einen mit beinahe akzentfreiem Deutsch, zum anderen mit einem soliden ausgeprägtem Selbstbewusstsein.
„Sie haben großes Glück, mich heute hier zu treffen", begann er mit seinen Ausführungen, und er ergänzte: „Eigentlich müsste ich schon zurück in der Firma sein". Dabei blickte er mich leutselig an, öffnete eine riesige, speckige Korbtasche, die er vor sich abgestellt hatte und deutete mit einer einladenden Geste auf deren Inhalt. Er ließ mir keine Zeit, das Glück unserer Begegnung gebührend zu würdigen, sondern band mich sofort ein in die Präsentation der High-Tech-Geräte, die sich in den

Tiefen besagter Tasche befanden. Da gab es ein Sammelsurium, bestehend aus Autoradios, CD-Playern und Videokameras. Die Prachtstücke mussten teilweise so in den Korb gewandert sein, wie sie eilends irgendwo ausgebaut worden waren, denn abgezwickte Kabelfragmente hingen noch dran. Andere Exemplare schienen noch originalverpackt und gänzlich unversehrt. Eines war allerdings allen Geräten gemein - überall stand der Name „Sony" drauf. Das kurze Augenmerk, das ich seinen Schätzen widmete, wertete der Geschäftsmann sofort als potentielles Kaufinteresse.

„Hier habe ich einen erstklassigen Radiorekorder - 4 x 20 Watt - RDS - Stationsspeicher und Sendersuchlauf," hob er auf der Stelle an.

„Oder möchten Sie vielleicht eine Videokamera? Habe ich gerade frisch hereinbekommen. Ist das neueste Modell und wirklich sehr günstig!"

Der Wortschwall des emsigen Handeltreibenden war kaum zu bremsen. Nur mit Mühe konnte ich seinen Redefluss unterbrechen. Schließlich gelang es mir aber doch, ihn davon zu überzeugen, dass mir jedwede Kaufabsicht fern stünde. Eigentlich erwartete ich jetzt eine gründliche Verärgerung des Jünglings und sah gefasst einigen pampigen Äußerungen entgegen. Da hatte ich mich allerdings getäuscht!

„Schade", bemerkte er nur. „Signore, Sie wissen nicht, was ihnen entgeht, aber das ist Ihre Entscheidung".

Durch seine durchaus freundliche Art ermutigt, wagte ich noch eine Frage:

„Sagen Sie doch einmal", begann ich, „das sind ja alles wunderschöne Sachen, aber wo - um alles in der Welt - haben Sie die denn her?"

Natürlich war meine Wissbegierde angekommen, und ich lauerte gespannt auf die Reaktion, die jetzt folgen würde.

Der gewitzte „ragazzo" zog alle Register. Zunächst trat er - sehr gemessen - zwei Schritte zurück. Danach fing ich einen theatralisch wertvollen Blick auf, in dem alles geschrieben stand. Ich sah seine Augen, die mich straften, diese Frage überhaupt gestellt zu haben. Gleichzeitig las ich auch in den braunen Augen ein Verzeihen, gepaart mit einer Spur Mitleid. Dieser Blick enthielt eine Bot-

schaft, die da lautete:
„Du bist ein Mensch, der nicht einmal mit den elementarsten Dingen vertraut ist. Du kannst aber nichts dafür, es ist eben nicht jedem gegeben".
Nachdem er dieses Signal einen Moment auf mich einwirken ließ, führte er seine Hand ans Herz und verkündete im Brustton der Überzeugung:
„Signore, ich bin der Chef von Sony im Werk Bologna! Grazie e arrivederci!"
Mit einer leichten Verbeugung wandte er sich ab und entschwand.
Schmunzelnd musste ich mir eingestehen - dieses Duell hast du verloren, und das gründlich! Ich trabte zurück in unser Wohnmobil, begierig, meine Erlebnisse „an die Frau" zu bringen.
„Du wirst nie erraten, wen ich gerade getroffen habe", sagte ich zu Silvia.
„Doch", tönte sie, „den Chef von Sony in Bologna. Ich habe Euer Gespräch mitgehört. Aber warum hast du den Herrn Vorstand nicht zum Kaffee eingeladen? Solche Gelegenheiten sind selten".
Nun, ich zeigte mich zerknirscht und gab meinem Bedauern Ausdruck...

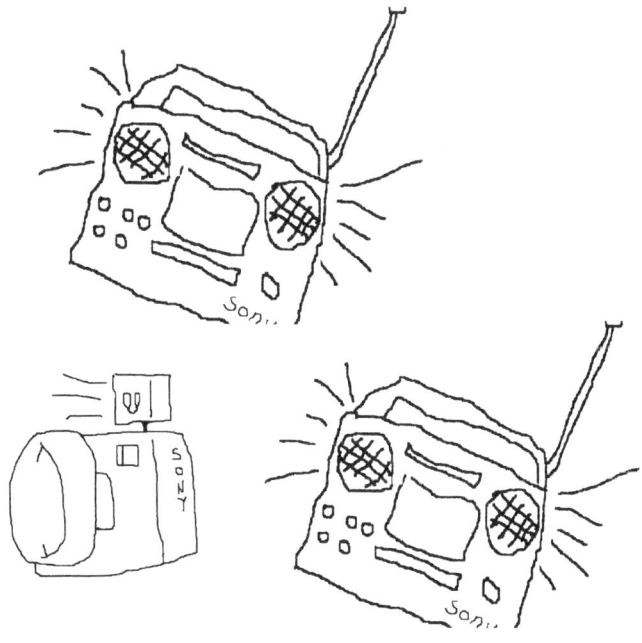

Gamserlmilch

In dieser kleinen Geschichte geht es um einen Wochenendtrip - genauer gesagt ein verlängertes Wochenende - das mich und meinen alten Freund Frank in die Lechtaler Alpen führte. Heutzutage beschränkt man sich auf Spazierengehen oder allenfalls Wandern, doch diese Ereignisse begaben sich zu einer Zeit, in der wir noch richtige Gipfelstürmer waren.

Einen Fast-Dreitausender hatten wir uns ausgeguckt, dessen Besteigung eine Übernachtung auf der Memminger Hütte vorangehen sollte. Diese Berghütte begrüßt ihre Gäste auf einer Höhe von immerhin gut 2.200 m und bildet so einen prima Ausgangspunkt für heroische Taten. Unserem Fahrzeug hatten wir bereits einen schattigen Parkplatz im Tal gesucht und schickten uns nun an, den zwar steilen, doch nicht gerade anspruchsvollen Aufstieg zu besagtem Bergdomizil hinter uns zu bringen. Irgendwo unterwegs, zwischen Latschen, Geröll und Gesträuch trafen wir auf eine Gruppe Holländer, ein munteres Völkchen von ca. zwölf bis fünfzehn Mann. Schnell stellte sich heraus, dass die „Flachlandtiroler" mit dem gleichen hehren Ziele unterwegs waren wie wir. Genauso flugs kristallisierte sich heraus, dass wir nicht unbedingt die niederländische Bergelite vor uns hatten. Im Gegenzug realisierten die Holländer auch, nicht eben Luis Trenker und Reinhold Messner begegnet zu sein. Auf Grund dieser verbindenden Basis war ein gemeinsames abendliches Bier schon ausgemachte Sache.

Schließlich war die Memminger Hütte erreicht. Wir bezogen unser luxuriöses Matratzenlager und begaben uns zum Dinner. Die Auswahl der Speisen erforderte eine gewisse Entscheidungsfreudigkeit.

„Erbsensuppe mit Würstl oder Gulasch könnt`s hamm".
Mit diesem breitgefächerten Angebot lukullischer Genüsse lockte die Wirtin. Wir orderten beides, denn wir wollten die gesamte Palette der „cuisine alpine" unserer Nahrungskette zuführen. Es schmeckte wie erwartet.

„Mögt`s no was oder glangt`s Eich?"
Mit dieser freundlichen Frage nach unserem Sättigungsgrad räumte die Dame letztendlich die Teller weg. Wir

lehnten dankend ab, doch bei der nächsten Frage gaben wir ihr keinen Korb.

„A Bier wollt`s aber scho no?"

In Anbetracht des hohen Flüssigkeitsverlustes beim Bergsteigen nickten wir zustimmend - man muss ja auf die Gesundheit achten!

Bestimmt haben Sie sich schon ein Bild von der Hüttenwirtin gemacht, doch mit den nachfolgenden Zeilen wollen wir den Eindruck intensivieren. Zum Zeitpunkt der Ereignisse zählte Gretl - jedermann nannte sie so - etwa 55 Lenze. Ob Gretl ihr richtiger Name war, sei dahingestellt. Vielleicht basierte die Bezeichnung auch auf ihren zwei langen, schwarzsilbrigen Zöpfen. Sie war von mittlerer Größe, klapperdürr, dabei aber äußerst drahtig. Eine resolute Person, die niemandem eine Antwort schuldig blieb. Das harte Bergleben hatte sie geprägt, und ein herber Charme ging von ihr aus. Ein besonderer Humor war ihr zu eigen, den sie bisweilen zur Unterstützung ihrer Geschäftstüchtigkeit nutzte. Dabei war sie stets hilfsbereit, hatte ein gutes Herz und war auch dem Alkohol nicht abgeneigt.

Unser Wunsch nach einem weiteren Bier wurde natürlich prompt erfüllt, und der Abend begann sich zu entwickeln. Wir nahmen bei den Holländern Platz, bei denen sich auch noch ein paar andere Touristen eingefunden hatten. Im Zuge etlicher Gespräche wurde die Welt neu gestaltet und allerlei Weisheiten zum besten gegeben. Schließlich hängte ein begnadeter Gitarrist die Klampfe von der Wand ab und griff in die Saiten. Herrliche Berge und sonnige Höhen wurden vehement besungen, und beim Refrain taten alle kund, Bergvagabunden zu sein. Selbst die holländischen Freunde äußerten sich diesbezüglich zustimmend. Anspruchsvollere Textpassagen ersetzten sie mangels Kenntnis durch nachdrückliche „la - la" - Kundgebungen, die einen Rudi-Carell-Touch nicht verleugnen konnten.

Hüttenzauber vom Feinsten!

Gerade, als der Gitarrist eine neue Berghymne seines Repertoires anstimmen wollte, verschaffte sich Gretl mit einem energischen Schrei Aufmerksamkeit und ergriff das Wort.

„Seid`s amal alle staad - a Ruah is - i muss Eich was

verzähl`n", und an die Schar der Holländer gewandt verkündete sie:

„Ihr passt`s jetzt b`sonders auf, also haltet`s die Papp`n!" Nachdem sich die Wirtin kräftig geräuspert hatte, begann sie mit ihrer Erzählung, die sie gestenreich unterstrich.

„Heut in der Fruah bin i aufi auf`n Berg. Wann die Sonne aufgeht und der Morgennebel über die Hänge zieht, ist`s am schönsten draußen in der Natur. Des is herrlich, so allein in Gottes weiter Flur. Da schöpft ma Kraft und a g'waltige Energie".

Zum besseren Verständnis sei die Ansprache weitgehend auf Hochdeutsch wiedergegeben, denn Gretl`s Dialekt verlangte nach Insiderkenntnissen.

„Und stellt`s Eich vor", fuhr sie fort, „was mir da passiert is. Auf einem Felsen is a Gams (Gemse) gstand`n - ganz starr, ganz ruhig. Vorsichtig hab i mi angschlich`n, dann hab i schnell an Satz gmacht und hab sie bei die Hörndl derwischt".

Die Herrschaften aus den Niederlanden hingen gebannt an ihren Lippen. Andere Gäste, die ihre Schilderung mit einsetzendem Gelächter quittierten, brachte Gretl mit einer herrischen Handbewegung zum Schweigen.

„Ihr alle wisst`s, Gamserlmuich (Gemsenmilch) is was ganz Bsonders. I hab das Vieh also packt und hab`s gmolken. Viel Muich hamm die net, aber a kloans Flascherl is voll worden. So a Flascherl hab i ja immer dabei".

Besonders der letzten Äußerung wegen, trauten sich einige Gäste zu lachen. Gretl`s Durst war ihnen anscheinend nicht unbekannt. Die Wirtin duldete es und kicherte sogar mit.

„Ihr seid so liebe Gäste", redete sie weiter, „i lass Eich probieren. Freilich langt`s net für alle, und viele von Eich kennen`s eh, deswegen hab i mir dacht, i lass die Holländer ran. Aber jeder nur a bisserl. Viel isses net und recht fett dazu, aber reißt`s Eich zusammen. I hol`s Eich jetzt".

Nach diesen Worten marschierte Gretl in die Küche und kam kurz darauf mit einem Glas zurück, das zur Hälfte mit Milch gefüllt war. Sie reichte es dem nächsten Holländer und mahnte:

„Net zuviel und denk dran, es is a Ehr".

Die Testperson nippte mit der gebührenden Ehrfurcht an besagter Köstlichkeit, kaute sie wie edlen Wein, um kurz darauf festzustellen, dass es sich in der Tat um ein „lekker Tröpje" handle. Das Glas wanderte zum zweiten Mann, der ebenso andächtig probierte. Dem winzigen Schluck folgte ein anerkennendes Nicken, begleitet von einem wohligen „mmmh". Nun war Kandidat Nr. 3 an der Reihe. Nach hingebungsvollem Geruchstest verleibte auch er sich ein wenig der so seltenen Flüssigkeit ein und vergab die Bestnote. Das wertvolle Gut wurde zum nächsten Probanden gereicht, der mit geschlossenen Augen genoss. Wiederum ging die Gamserlmuich auf Wanderschaft und verschaffte einem weiteren holländischen Bergkameraden sichtlich Wonnen. Es folgte einer nach dem anderen. Jeder fieberte dem Augenblick entgegen, endlich dieses wunderbare Getränk an Zunge und Gaumen zu spüren. Führten sie schließlich den Becher an die Lippen, wurde sofort Begeisterung bekun-

det, und die Beurteilungen reichten von „sehr gut" oder „super" bis hin zu „exzellent".

Die restlichen Hüttengäste beobachteten das Spektakel mit ungläubigem Staunen, aber auch mit hämischem Grinsen und unverhohlenem Spott. Nach geraumer Zeit hatte sich auch der letzte Niederländer seinen Schluck gegönnt und drückte Gretl ein mittlerweile völlig verschmiertes Glas in die Hand, in dem immer noch ein kleiner Restbestand umher schwappte. In ihrer großen Güte kam die

Wirtin nun zu Freund Frank und mir und bot uns die Speichel-Milch-Mischung an. Mit dem Hinweis auf unsere bereits erhöhten Cholesterinwerte lehnten wir aber dankend ab. Augenzwinkernd nahm die gute Frau das mit den Spuren von rund fünfzehn gestandenen Männern behaftete Objekt wieder an sich, stellte es auf dem Tresen ab und rüstete sich erneut zu einer Ansprache.
„Gut hat`s gschmeckt, gell! Das hab i scho gsehn! Aber die Gamserlmuich is gehaltvoll, jetzt müsst ihr an Schnaps bestellen, sonst wird`s Eich schlecht, und mir dürft`s auch einen zahlen!"
Natürlich wollten die Herren einem eventuellen Unwohlsein vorbeugen, so bestellten sie eine Lage und schlossen dabei die Wirtin nicht aus. Andere Gäste fühlten sich dadurch animiert und äußerten ebenso den Wunsch nach einem geistigen Getränk.
Freilich blieb es nicht bei einer Runde - Gretl verstand es prächtig, den Umsatz zu forcieren. Es kam, wie es kommen musste. Der Abend endete feuchtfröhlich, und der Morgen begann für die meisten mit einem klassischen Brummschädel. Weder die holländischen Freunde noch wir sowie etliche andere Bergsteiger visierten daher den ersehnten Dreitausender an - man beschränkte sich auf Grund verschiedener körperlicher Gebrechen auf den deutlich niedrigeren Hausberg.
Letztendlich begann ein gemeinsamer Abstieg ins Tal. Noch einmal erfuhr die Gamserlmuich im Rückblick großes Lob, und sicherlich wird man davon auch in Amsterdam, in Delft oder sonstwo in Holland erfahren haben - denn so etwas gibt es da ja nicht!
Gut möglich übrigens, dass man in Amsterdam, in Delft oder sonstwo in Holland nie Kenntnis darüber erlangt hat, dass die milchspendende Gemse „Frieda" hieß, in Gretl`s Stall stand und - genau genommen - eigentlich eine brave Kuh war...

Bayrischer Sumpf

Die schöne Alpenrepublik Österreich mit ihrer herrlichen Bergwelt liegt für uns bequem im Aktionsradius eines Tagesausfluges oder einer Wochenendfahrt. Kaum verwunderlich also, dass wir „Felix Austria" des öfteren einen Besuch abstatten.

Ungewöhnlicherweise hatte der tagelange Dauerregen pünktlich zum Wochenende sein grausames Werk eingestellt und war einer wunderbar strahlenden Sonne gewichen. So verbrachten wir zwei angenehme Tage in unserem Nachbarland. Sonntagnachmittag traten wir die Heimreise an, passierten bald die österreichisch-deutsche Grenze und rollten auf bayrischen Straßen der Heimat entgegen.

„Heute abend lassen wir unsere kleine Reise schön beim Italiener ausklingen", schlug Silvia vor.

Der Gedanke war mir nicht unsympathisch. Vor meinem geistigen Auge erschien eine dampfende, wohlriechende Pizza, daneben stand ein goldgelbes Bierchen mit einer gepflegten Schaumkrone. Mir lief das Wasser im Munde zusammen und enthusiastisch sprach ich meine Bewunderung aus:

„Prima - klasse Idee!"

Wir brummelten gerade mit unserem Dieselross durch das Voralpenland, als eine Hinweistafel einen kleinen Weiler mit dem bezaubernden Namen „Krottenhill" ankündigte. Das Nest liegt am Rande eines ausgedehnten Waldgebietes und war mir als passioniertem Pilzsammler ein Begriff. Als Kenner der heimischen Topographie wusste ich, dass der weitere Verlauf der Landstraße einen ausschweifenden Bogen beschreibt, der sich aber - fährt man über Krottenhill und anschließend auf einem Waldweg durch den Forst - erheblich abkürzen lässt. Die Pizza tauchte erneut vor meinem geistigen Auge auf und inspirierte mich zu einem Vorschlag.

„Da gibt es ein Sträßchen durch den Forst", teilte ich Silvia mein Wissen mit, „das erspart uns etliche Kilometer."

„Na, ich weiß nicht, ob das eine gute Idee ist. Denk daran, es hat zuvor tagelang geschüttet - der Untergrund

dürfte ziemlich aufgeweicht sein", wandte Silvia mit großer Skepsis ein.
Ich hielt meine Eingebung nicht nur für eine gute Idee sondern sogar für eine äußerst brillante. Mit einer wegwischenden Handbewegung erklärte ich alle Zweifel für null und nichtig und dozierte weise:
„Ach was, da rumpeln sämtliche Holzlaster durch, wo soll denn das Problem sein?"
Das Schicksal nahm seinen Lauf. Wir zwängten uns zwischen den wenigen Häusern Krottenhills hindurch, und alsobald verschluckte uns der grüne Tann. Zunächst zeigte sich der Weg von seiner besten Seite. Er war anständig geschottert, wies keinerlei Löcher auf und glänzte mit einem festen Bankett. Hurtig ging es voran, der Wald sog uns immer tiefer in sich hinein.
„Fast wie auf der A7", verkündete ich triumphierend.
Silvia kommentierte meine Euphorie nicht, sondern wiegte nur nachdenklich ihr anmutiges Haupt. Wir erreichten eine kleine Anhöhe, neben der eine Futterkrippe stand, danach senkte sich der Weg ab. Durch einige Kurven ging es steil nach unten, es wurde schmaler und schmaler. Plötzlich wechselte der solide Schotter in schwammiges Erdreich. Tiefe Fahrrinnen, in denen sich Wasser gesammelt hatte, taten sich vor uns auf. Braune Brühe spritzte seitlich weg, und das WOMO schlingerte gefährlich. Mir war augenblicklich heiß geworden und ich brüllte:
„Ich muss auf dem Gas bleiben, sonst schaffen wir den Hügel nicht!"
Das Ende der Gefällstrecke war abzusehen - eine Mulde aus Wasser, Schlamm und Dreck. Danach führte die Piste - Weg wäre der falsche Ausdruck - wieder bergan. Jetzt war die Talsohle erreicht, hart schlugen die Federn durch, unser armes Mobil stellte sich leicht quer. Mit weiterem Nachdruck arbeitete ich mich an die Steigung heran, suchte nach festem Untergrund. Das WOMO wurde immer langsamer, Schlupf setzte ein, die Räder drehten durch - Stillstand! Die Reifen durchquirlten den Schlamm, eine Umwandlung der Bewegungen in Vortrieb erfolgte nicht mehr.
„Wir stecken fest", bemerkte ich überflüssigerweise.
Kalter Schweiß stand mir auf der Stirn und ich realisierte, welch gigantischen Geniestreich vor dem Herrn ich

da wohl vollbracht hatte.

Nach einigen Schrecksekunden fasste sich Silvia wieder. Entgeistert schaute sie mich an. Allmählich wechselte ihre fahle Gesichtsfarbe in ein bedrohliches Rot, und sie schnappte nach Luft.

„Sag jetzt bitte nichts", bat ich kleinlaut.

Sie sagte aber was! Meine Bitte verhallte ungehört.

„Bravo", lobte sie mich. „A7", presste sie zwischen den Zähnen heraus. Der nicht unerhebliche Rest der Verlautbarungen sei dem empfindsamen Leser vorenthalten.

Ich bemühte mich um Schadensbegrenzung, sprang aus dem Wagen, sammelte Reisigäste und versuchte damit die Räder zu unterfüttern. Doch das Unterfangen war zum Scheitern verurteilt. Unser schönes Wohnmobil steckte grundsolide bis zur Achse im Matsch. Nach ein paar verzweifelten Versuchen gab ich auf, ohne dass auch nur irgendwas gewonnen war. Im Gegenteil - unser Häuschen benahm sich wie ein Maulwurf und hatte sich weiter eingegraben. Jetzt war guter Rat teuer. Wir beratschlagten, was zu tun sei, und kamen zu dem sensationellen Ergebnis, dass wir fremde Hilfe brauchten.

„Dank deiner grandiosen Einfälle dürfen wir erstmal zum nächsten Dorf spazieren - dann schauen wir weiter. Vielleicht kann uns ein Bauer mit dem Traktor herausziehen", grollte Silvia.

Demütig nickte ich und murmelte: „Bestimmt."

Blieb noch die Frage zu klären, welche Richtung einzuschlagen sei. Nachdem wir schon ein erkleckliches Stück in diese grüne Lunge des Voralpenlandes eingedrungen waren, entschieden wir, nicht nach Krottenhill zurückzuwandern, sondern vorwärts zu streben.

„Wahrscheinlich ist es gar nicht so weit", versuchte ich mich optimistisch zu geben.

Nachdem wir unsere Jacken umgehängt hatten, stapften wir los. Der Spaziergang verlief recht einsilbig. Im Schrecken der Ereignisse war unser Hunger zur Nebensache geworden, doch ein Stück des Weges weiter meldete sich Silvias Magen und forderte knurrend sein Recht ein.

„Wir hätten vor dem Fußmarsch noch etwas essen oder wenigstens eine Kleinigkeit mitnehmen müssen", maulte sie.

„Ja", stimmte ich zu.

Zwischen den Tannenästen schwebte plötzlich eine dampfende Pizza und ein kühles Blondes, doch ich verschwieg Silvia die italienische Fata Morgana und wiederholte nur noch einmal mein demutsvolles:
„Ja."
Irgendwann gelangten wir an eine Gabelung, und es schien, als würde der Wald lichter. Allerdings war nur der Wunsch Vater dieses Gedankens. Wie Hänsel und Gretel stiefelten wir durch das Meer an Bäumen, in dem es zwar nicht bitterkalt, doch immer finsterer wurde. Weit und breit war kein Lebkuchenhaus, geschweige denn eine Siedlung zu sehen. Die Richtungswahl musste wohl auf Anhieb die falsche gewesen sein. Zwei Stunden Fußmarsch lagen bereits hinter uns. Das verriet unser Chronometer, und die Beine bestätigten es. Endlich lichtete sich der Forst wahrhaftig und gab den Blick auf Wiesen und Felder frei. Jetzt folgte die Krönung. Nur wenige hundert Meter vor uns kuschelte sich das angestrebte Dörfchen in die grünen Auen. Fast synchron erhoben sich unsere Brustkörbe, um nach einem langen Seufzer der Erleichterung wieder in sich zusammenzusinken.
Das letzte Tageslicht wies uns den Weg durch den Wiesengrund und bald erreichten wir die ersten Häuser - froh, es endlich geschafft zu haben.
„In dem Bauernhaus da drüben sind die Fenster hell erleuchtet", freute sich Silvia wie ein Kind an Weihnachten, „nix wie hin".
Und so trabten wir zu dem Hof, schellten an der Haustür und hörten alsobald schlurfende Schritte. Die Tür öffnete sich einen Spalt weit. Ein Gesicht, dessen unterer Teil emsig mit Kauen beschäftigt war, schob sich heraus. Die Augen im oberen Teil musterten uns erstaunt. Den Anblick Fremder am abendlichen Sonntag waren sie nicht gewöhnt. Die Kaubewegungen im unteren Teil des Gesichtes gipfelten in einem Schluckprozess, und die Tür öffnete sich ganz. Wir standen einem älteren Herrn gegenüber, und dieser formulierte präzise und nicht unfreundlich eine Frage:
„Was wollts?"
Zunächst entschuldigten wir uns für unser Vorhandensein und hoben zu einer Erklärung an, die der Landwirt aber lieber im Haus hören wollte.

„Kommt`s rein", unterbrach er uns und deutete mit der Hand in Richtung Stube.

Die „Hofdame" saß zu Tische und räumte gerade die Reste des Abendessens zusammen. Dieser Umstand bescherte mir erneut die Pizza-Vision, freilich wäre ich auch mit dem frugalsten Mahl zufrieden gewesen, aber das konnte die Bäuerin nicht wissen. Wir nahmen Platz und gaben unsere Geschichte zum besten, verbunden mit der Bitte, unser WOMO mit dem Traktor an den Haken zu nehmen und aus dem Sumpf zu ziehen.

Der Landwirt lauschte aufmerksam unseren Erzählungen und bedachte uns mit einem Blick, der einer Entmündigung gleichkam. Schließlich grinste er und antwortete in seiner blumenreichen Sprache:

„Morgen, heute ist es schon dunkel."

Mir fiel ein Stein vom Herzen, und ich bedankte mich. Aber da gab es noch ein Problem - irgendwie mussten wir ja nach Hause kommen!

„Darf ich bitte mal telefonieren", fragte ich.

Meine Absicht war, daheim einer guten Seele einen langweiligen Fernsehabend zu ersparen und statt dessen zu einem abwechslungsreichen Ausflug zu verhelfen. Der brave Bauer erkannte sogleich meine Intension und entschied:

„Nicht notwendig, ich fahr euch nach Hause!"

Etwas beschämt, doch hocherfreut, nahmen wir das Angebot an. Das beschleunigte den Lauf der Dinge. Die Fahrt verlief recht interessant mit angeregter Unterhaltung. Unser Gönner zeigte sich jetzt redselig, sprach ganze Sätze und begann offensichtlich die Abwechslung zu genießen. Bevor sich unsere Wege trennten, vereinbarten wir einen Termin für den nächsten Tag, und er verabschiedete sich mit den Worten:

„Das kriegen wir schon."

Unser Stimmungstief hatte die Talsohle durchschritten, und die Laune mühte sich langsam wieder den Berghang empor. Der Restaurantbesuch beim Italiener war passé, doch Silvia fischte zwei Tiefkühlpizzen aus dem Gefrierschrank, und somit fand der Abend einen versöhnlichen Ausklang.

Am nächsten Tag meldete ich mich pünktlich bei „unserem" Bauern. Der Traktor - ein imposantes Kaliber - stand

schon bereit. Ich schwang mich auf das Sünderbänkchen und wir hoppelten hinaus in den Wald. Nachdem ich ihn zum Ort des Geschehens gelotst hatte, schenkte er mir den gleichen vielsagenden Blick, den ich vom Vorabend kannte.
„Dieser Weg", informierte er mich, „lässt sich nicht mal nach drei Wochen ohne Regen befahren. Da seid ihr falsch abgezweigt."
Unser WOMO stand noch im Sumpfloch und schaute mich aus traurigen Augen an . Es schien zu sagen:
„Hilfe, ich bin ein Star, holt mich hier raus."
„Rettung ist nahe", flüsterte ich ihm zu.
Ich hatte nicht zuviel versprochen. Der wackere Landwirt verstand sein Metier. Schnell war das Seil befestigt und nun ging es mit Fingerspitzengefühl zur Sache. Schon spürte ich Bewegung am Lenkrad, das arme Mobil stöhn-

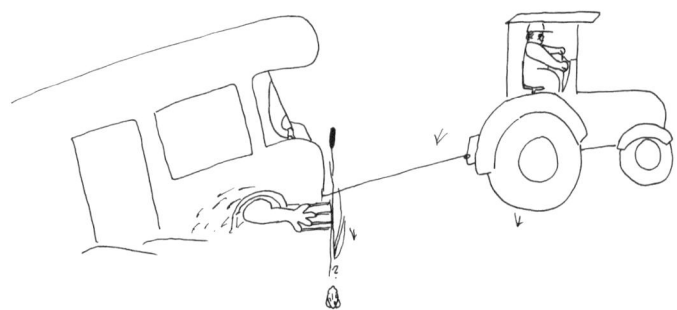

te auf. Der Schlamm schmatzte böse, so als wollte er unser WOMO ansaugen und verschlingen, doch schließlich gab er es frei. Langsam aber stetig ging es vorwärts, die Räder griffen - geschafft! Wir waren endlich wieder auf festem Terrain.
Einer ersten Überprüfung zufolge hatte unser Prachtstück keinen Schaden erlitten, gegen die unschöne Schlammpackung würde Wasser helfen. Gemeinsam tuckerten wir ins Dorf zurück, um ein Gläschen auf die gelungene Aktion zu heben. Übrigens verlangte unser Retter nur einen Unkostenbeitrag, eine leistungsgerechte Bezahlung lehnte er kategorisch ab. Wieder fing ich einen seltsamen Blick auf, dann stellte er grinsend fest:
„Sie sind ja schon genug bestraft."
Noch bis heute rätsele ich, wie der gute Mann das wohl gemeint haben könnte...?!

Allohool

Die nordischen Länder haben so ihre Reize - atemberaubende Landschaften, eine hochentwickelte Kultur, interessante Künste und nette Menschen. Neben diesen Reizen gibt es aber auch ein Reizthema: den Alkohol. In einer selten einmütigen Aktion beschlossen einst die Regierungen der skandinavischen Staaten ihren Bürgern den Konsum mehr oder weniger hochprozentiger Getränke zu vergällen. Die Volksvertreter brillierten mit einer genialen, noch nie da gewesenen Idee - Steuererhöhung. Exakter formuliert: Steuerwucher!

Den Nebeneffekt - die Anreicherung der Staatskassen - nahm man dabei billigend in Kauf. Des weiteren wurden spezielle Geschäfte eingerichtet mit dem alleinigen Monopol, „Geistiges" zu verkaufen. Wein, Schnaps und Bier (von einer Dünnplörre einmal abgesehen) waren jetzt im Supermarkt oder anderen Läden passé. Die braven Bürger ärgerten sich, der Schmuggel und die Schwarzbrennerei erlebten eine neue Blüte. „Jetzt erst recht", war die weitverbreitete Einstellung und ist es bis heute geblieben. Dank des umsichtigen Handelns der Staatsdiener stellte sich auch ein zweifelhafter Erfolg ein. In der „Alkoholiker-Hitparade" Europas sind die Skandinavier seit dem von den mittleren Plätzen ganz weit nach vorn gerückt...

Göteborg war die erste Station unserer Nordlandreise. In dieser großen Hafenstadt gibt es zahlreiche Alkoholläden, so nutzten wir die Gelegenheit und statteten einer solchen „Tankstelle" einen Besuch ab. Das Geschäft hatte die Größe eines mittleren Supermarktes, somit also viel Platz für die verschiedenen Produkte. Annähernd hundert Biersorten standen zur Verfügung sowie Weine und Hochprozentiges aus aller Herren Länder. Wer nun meint, er könnte bei einem gemütlichen Bummel zwischen den Regalen schauen, prüfen, abwägen, um dann vielleicht zuzuschlagen, der irrt! Im Eingangsbereich befindet sich ein Automat, an dem man sich per Druckknopf einen Bon ziehen kann, ganz wie in heimischen Gefilden auf der Kfz-Zulassungsstelle. Jetzt beginnt eine Zeit der Muße und des Wartens. Hat man Glück, so ergattert man ein Plätzchen auf einer der wenigen ungepolsterten und knochenharten Wartebänkchen und darf schon mal vorab für seine Genusssünden in spe büßen. Die Wartezeit lässt sich freilich auch stehend mit dem Studium der Preislisten verbringen, die überall angeschlagen sind. Dabei ist eine gewisse Standfestigkeit vonnöten. Nicht eben kleinliche dreißig Euro darf man für ein Kistchen Bier berappen, für einen zweitklassigen Klaren ist etwa der gleiche Betrag fällig. Die Grenzen nach oben sind scheinbar offen.

Irgendwann hat man es geschafft. Begleitet von einem Gong erscheint die entsprechende Nummer in einem Display und man wird zu einem der sieben oder acht Schalter zitiert. Ein bisschen von oben herab fragt der Verkäufer nach den Wünschen, der Kunde ist mehr Bittsteller als König. Das Objekt der Begierde wird erst ausgehändigt, wenn das Geld über den Tresen gewandert ist. Nicht selten verschwinden die Fläschchen anschließend in irgendeinem undurchsichtigen neutralen Behältnis, zumindest der Trick mit dem schlechten Gewissen scheint zu funktionieren. Positiv zu bewerten ist die soziale Komponente. Egal ob Stadtstreicher, Hausfrauen, Rentner oder Manager in feinem Zwirn - alle müssen sich dem gleichen Ritus unterwerfen.

Nachdem wir dem geschäftigen Treiben ein Weilchen beigewohnt hatten, machten wir uns wieder auf die Socken. Unsere bescheidenen Bordvorräte an „Medizin" hatten allerdings einen ganz anderen Stellenwert bekommen, bis dato wussten wir nicht, welche Juwelen wir da spazieren fuhren.

Das Thema Alkohol blieb uns erhalten und zog sich wie ein roter Faden durch die gesamte Tour. Zwei Tage nach unserer Ankunft in Göteborg standen wir mit unserem Mobil an einem idyllisch gelegenen kleinen See und beschlossen, hier zu übernachten. In der Nähe stand eines der hübschen roten, so typisch schwedischen Holzhäuschen, in dem ein alter Schwede hauste. Er saß auf seiner Veranda und trank. Offenbar zog er vor, das nicht allein zu tun, denn schon bald kam er mit der Flasche zu uns herüber gewatschelt. Das Feuerwasser hatte seine Zunge gelöst und ihn mitteilungsbedürftig gemacht. Er tippte mit dem Finger auf die Bottel und dann reckte er den Daumen steil nach oben. Es folgte ein Lehrgang im

Schnapsbrennen. Hinter vorgehaltener Hand, so, als wären wir von neugierigen Menschen umzingelt, weihte er uns in die Geheimnisse dieser Kunst ein. Am Ende seiner Ausführungen lud er uns zu einer Kostprobe ein. Silvia angelte zwei Gläser aus dem Fahrzeug. Der alte Schwede hatte sein Becherchen dabei und sich schon während seiner Erklärungen kräftig den Rachen befeuchtet. Wir prosteten uns zu und setzten an. Silvias Antlitz nahm die Farbe des Holzhauses an - dunkelrot! Ein böser Hustenreiz malträtierte ihren zarten Körper, und ein Tränchen entquoll dem rechten Auge. Schließlich saugte sie hörbar und tief Luft an, um die Erholungsphase einzuläuten. Mir erging es kaum besser, doch ich schaffte es, unserem Gastgeber ein „fantastisch" entgegenzukrächzen.

„Jo, ho, hat sechzig Alkoholprozente, minimum", grinste dieser und goss sich gleich noch einen hinter die Binde. Allmählich ging der alte Schwede seinem Fläschchen auf den Grund. Er war jetzt halb betrunken und verabschiedete sich mit den Worten:

„Isch gehe nach Hause, weitermachen."

Offensichtlich verabscheute er halbe Sachen...

Am Abend saßen wir auf unseren Stühlchen am Ufer des idyllischen Sees und genossen die Ruhe. Lange durften wir dieses Glück nicht auskosten, denn schon bald näherte sich unser schwedischer Freund wieder. Er hatte sich mit einer neuen Flasche bewaffnet, und ein Fotoapparat schaukelte um seine Brust. Schnurstracks hielt er auf uns zu. Zur Begrüßung nahm er einen kräftigen Schluck, der Einfachheit halber gleich aus der Bottel. Zumindest versuchte er es. Auf Grund gewisser Koordinationsprobleme fand der arme Mensch nicht auf Anhieb seinen Mund, mit dem Ergebnis, dass ein munteres Bächlein beiderseits des Kinns herabfloss, um daraufhin in seinem Hemd zu versiegen. Schließlich klappte die Justierung der Lippen auf dem Flaschenhals, und eine Welle des Feuerwassers brandete in seine Kehle. Beim Absetzen der Flasche knickte er weit nach vorn ein. Das hatte zur Folge, dass ein kräftiger Schuss in Verbindung mit einigen schleimigen Speichelfäden in das Behältnis zurücktriefte und sich dort mit dem Rest vermischte. Jetzt streckte unser alter Schwede freundlich die Flasche Silvia entgegen und ermunterte sie, doch auch ein Schlückchen zu nehmen. Sensibilisiert durch den gerade beobachteten Vorgang, lehnte sie allerdings erschauernd ab.

Plötzlich besann sich der Trunkenbold seiner mitgebrachten Kamera. Mit verschwörerischer Miene deutete er darauf und stiefelte damit zu einem nahen Holzsteg, der geschätzte zwei Meter in der Breite maß. Für die raumgreifenden Bewegungen des Mannes erschien mir das zu schmal. Ich eilte also hinterher, um ihm ein unfreiwilliges Bad zu ersparen. Doch ehe ich mich es versah, hatte er zielsicher - wenn auch unter Ausnutzung der gesamten Breite - das Ende der Planken erreicht. Dort legte er sich mit erstaunlicher Behendigkeit bäuchlings nieder, drückte die gute Minolta mit Nachdruck vor sich ins Wasser und betätigte mehrmals den Auslöser.

Strahlend erklärte er mir: „Fische, Pflanzen, schöne Unterwasserbilder!"

Für seinen Vorschlag, auch meinen Fotoapparat zu holen und es ihm gleich zu tun, konnte ich mich nicht erwärmen. Denn unser Gerät war keine Unterwasserkamera - das seine übrigens genauso wenig...

Auf unserer Reise unternahmen wir auch einen Abstecher nach Finnland. Als besonderen Clou sahen wir es an, direkt am Polarkreis zu übernachten. Das roch ein bisschen nach Abenteuer und unendlichen Weiten. Reell betrachtet war es aber ein Ort wie so viele im Norden. Wären da nicht irgendwelche Markierungen und Schilder gewesen, hätte der Polarkreis nicht einmal von sich selbst Kenntnis genommen. Bald trudelte ein junges Pärchen mit einem betagten VW-Bus ein. Die zwei hegten die gleichen Ambitionen wie wir. Anscheinend hatten sie ebenfalls vorab mehr in dieses geographische Highlight hinein interpretiert, denn zunächst wurde erstmal kräftig gemeckert.

„Wenigstens eine Mauer oder einen Graben hätten die da ziehen können, zumindest ein Seil spannen", beschwerte sich der junge Mann bei uns.

Wechselweise ergänzten wir uns mit geistreichen Ideen und schufen somit die Grundlage für einen vergnüglichen Abend.

Schon bei der Ankunft des Pärchens waren uns die drei 20-Liter-Kanister aufgefallen, die in dem relativ kleinen Bus viel Platz beanspruchten. Beim abendlichen Palaver brachte ich das Gespräch darauf und vertrat die Meinung, dass sechzig Liter Reservesprit doch ziemlich übertrieben seien.

„Wir sind hier schließlich weder in der Sahara noch im Outback", ergänzte ich meine Weisheiten mit fundiertem erdkundlichem Sachwissen.

Der Jüngling blickte mich an, als hätte ich ihm vorgeworfen, die Schwiegermutter umgebracht zu haben. Darauf musterte er uns beide eingehend, so als würde er prüfen, ob wir vertrauenswürdig seien und geheime Informationen für uns behalten könnten. Zusätzlich sicherte er sich per Blickkontakt das Einverständnis seiner Frau. Schließlich hob er zu einer interessanten Geschichte an. Zunächst sei denjenigen, die um die Schwiegermutter bangten, die Sorge genommen - es geht ihr gut.

Doch nun zum Kernpunkt.

Sechzig Liter Reservebenzin würden selbst von vorsichtigen Naturen kaum als notwendig erachtet werden, und unser VW-Fahrer war eher als draufgängerisch einzustufen. Trotzdem reichte die Kanisterfüllung jeweils bis zum Rand; abgesehen von wenigen Litern, die in einem Behältnis fehlten. Doch es war kein oktanhaltiges Gebräu, das hier vor sich hin dümpelte, sondern ein hochprozentiges - klarer Schnaps aus deutschen Landen! Der Zoll erlaubte damals den Import von nur einem Liter pro Person. Mit dem Kanistertrick gelang es den beiden diese oft kontrollierte Vorschrift zu umgehen. Der eingeschmuggelte „Stoff" ließ sich gut verkaufen und die Gewinnspanne erwies sich als sehr ordentlich, wie erste abgewickelte Geschäfte bestätigten. Willige und verschwiegene Käufer fanden sich leicht - beispielsweise auf Campingplätzen.

„Wir sind Studenten, nicht gerade mit irdischen Gütern gesegnet", entschuldigte sich Herr Schmuggler.

„Bitterarm", setzte Frau Schmuggler mit treuherzigem Augenaufschlag noch eins darauf und ergänzte: „schließlich wollen wir doch auch in die Ferien fahren. Diese Methode verhilft uns zu einer soliden finanziellen Basis. Eigentlich schaden wir niemandem - im Gegenteil - wir spenden Freude."

Die Ausführungen des Studenten-Ehepaares erstaunten uns, hatten etwas Innovatives - zumindest für uns. Jetzt waren wir Mitwisser einer kriminellen Handlung! Unser starkes Rechtsbewusstsein ließ uns die Hand zum Tadel heben und eine scharfe Rüge erteilen. Ein Schluck aus dem Kanister milderte jedoch unser Urteil ab, ein zweites ließ das Verbrechen gänzlich verblassen. Aber so ist eben das Leben. Verurteilen Sie uns bitte dafür nicht allzu hart!

Ein paar Tage später führte uns das Schicksal einer gerechten Strafe zu. Mittlerweile waren wir bis zur norwegischen Inselgruppe der Lofoten vorgedrungen. Man schrieb bereits Ende August. Das Wetter zeigte sich wonnig sonnig, doch abends und nachts wurde es schon sehr kalt. Die ersten Fröste hielten Einzug. Wir saßen in unserem Mobil, genossen den tollen Ausblick über einen Fjord und ließen die Heizung laufen. Obwohl es erst Spätnachmittag war, frischte es dennoch schon empfindlich auf. Der kräftige Wind sog die Restwärme schnell ab. Doch was soll`s, im warmen Stübchen ließ es sich aushalten. Plötzlich stellte die Heizung ihren Dienst ein. Das Gas war alle. Wir empfehlen gerne, nur mit vollen Flaschen auf große Fahrt zu gehen, vielleicht sollte man sich auch selbst daran halten! Bis morgen wird es schon gehen, dachten wir. Doch unser schlecht isoliertes Häuschen kühlte rasant ab, und schnell wurde es ungemütlich.

„Am besten, wir kriechen bald in die Koje", schlug Silvia vor und stülpte sich ihren Anorak über.

„Ein Grog oder so was wäre auch nicht schlecht, so schön zum Aufwärmen von innen."

Mein Kommentar zu diesem Thema zeugte zwar von Esprit, doch die Umsetzung bereitete Schwierigkeiten. Ohne Gas funktionierte auch der Herd nicht, und Tee - so etwas Gesundes - fehlte in unserem Mini-Haushalt ganz. Doch wo ein Wille da ein Weg!

Aus den Tiefen eines Faches kramten wir unseren alten Kartuschen-Campingkocher heraus, schnappten die Kaffeekanne und kippten eine Dose Orangenlimo hinein, um diese zu erhitzen. Als die Limonade zu dampfen begann, nahmen wir sie vom Feuer und würgten das künstliche Orangenaroma mit einem anständigen Schuss Cognac ab. Das Zeug schmeckte gar nicht so schlecht, und es wärmte. Leider hielt die Wirkung nicht lange an. Ich enthauptete eine neue Dose Fanta, und das Spielchen begann von vorn. Wegen des besseren Wirkungsgrades erhöhte ich den Cognacanteil, und wir bestätigten uns gegenseitig, hiermit eine besonders raffinierte Variante gefunden zu haben. Der Inhalt der dritten Fantadose blubberte auf dem Kocher. Mit einem verwegenen Streich erhöhte ich den Wirkungsgrad abermals. Wohlige Wärme durchströmte unsere Körper, zufrieden grinsten wir vor uns hin. Auf Grund intelligenter Vorratshaltung verfügten wir noch über etliche Fantadosen, den entsprechenden Zusatzstoff und auch über genügend Fantasie, neue, gewagte Kompositionen anzugehen. Allmählich verursachte die Zubereitung des „Survival-Drinks" Schwierigkeiten. Der Transfer von der Dose in die Kanne ging nur noch mit Verlusten vonstatten. Um die Umgebung nicht völlig zu überschwemmen, entschieden wir, die Aktion zu beenden. Den Zweck hatte sie erfüllt - mittlerweile wähnten wir uns eher in der Südsee denn auf den Lofoten. Wir begaben uns in Morpheus` Arme. Er nahm uns willig an...

Eine Beschreibung unseres Zustands am nächsten Morgen wollen wir Ihnen vorenthalten, empfindsame Menschen würden dies ohnehin kaum verkraften. Nur ein gut gemeinter Tipp: Hüten Sie sich vor Orangenlimonade in größeren Mengen!

Der weitere Weg von den nordnorwegischen Lofoten bis hin ins südschwedische Göteborg verlief erstaunlicher-

weise ohne irgendwelche exzessive Begegnungen mit dem Alkohol. Doch ein kleines Teufelchen hatte die Reise unter dieses Motto gestellt, daran war nicht zu rütteln. In besagter Hafenstadt checkten wir wieder bei der Stena-Line ein und freuten uns auf die Rückfahrt nach Deutschland mit der Nobelfähre „Germanica". An Bord des 190-m-Schiffes weilte auch eine schwedische Eishockey-Mannschaft. Die aufstrebenden jungen Herren stachen uns bereits auf dem Autodeck ins Auge. Mit ihren gelverschmierten Haaren, kaugummischmatzenden Mäulern und den bis fast zum Bauchnabel geöffneten Hemden waren sie die ultimativen Sympathieträger. Großflächige Sonnenbrillen unterstrichen das ansprechende Erscheinungsbild, der cool-lässige Gang perfektionierte es.
„Sind das nicht drollige Kerlchen?"
Auf meine Frage warf sich Silvia mit einem Augenzwinkern in meine Arme und stöhnte lasziv:
„Ah - halt mich fest, sonst weiß ich nicht, was ich tue!"
Beim abendlichen Buffet sahen wir die Sportskanonen wieder. Sie speisten, als hätte Knigge nie gelebt. Vor allem aber tranken sie! Für schwedische Verhältnisse sind die Preise für Alkohol an Bord recht günstig, da darf`s dann auch mal etwas mehr sein. Statt aufwendiger Einzelbestellung, orderte man das Bier beim Ober gleich palettenweise, was nicht ohne Folgen blieb. Proportional zum Bierkonsum stieg auch die Lautstärke der durstigen Helden. Nach der Aufwärmphase im Restaurant folgte das harte Match in der Bar. Die Herren hatten sich in den Kopf gesetzt, die Getränkekarte von oben nach unten durchzuzechen. Das war ernst gemeint und keine Phrasendrescherei! Akribisch begannen sie mit ihren Bestellungen: Wein, Sekt, Schnaps, Likör, Cocktails - nur alkoholfreie Sachen wurden ignoriert. Der Lärmpegel wuchs stetig. Als die ersten johlend schwedisches Liedgut zum besten gaben und sich schon mal neben den Stuhl setzten, war unsere Schmerzgrenze erreicht. Wir wünschten der Veranstaltung einen guten Verlauf und zogen uns in ein ruhiges Bistro zurück. Bei einem Tässchen Kaffee beklagte ich vehement den Sittenverfall im allgemeinen und die demoralisierende Wirkung des Alkohols im besonderen.
Erst Silvias Diskussionsbeitrag: „Du weißt schon, neu-

lich auf den Lofoten...", lenkte meine Äußerungen in ruhigeres Fahrwasser.

Die Uhr zeigte die achte Stunde des neuen Tages an. Die „Germanica" näherte sich Kiel, dem Endpunkt der Seereise. Auf dem Boden eines Kabinendecks lagen reglos drei Personen, eine davon mit dem Gesicht nach unten. Die Opfer eines Verbrechens? Drei Filmleichen, und gleich tauchen Derrick und Harry auf?

Weder noch!

Es waren drei Sportgeister, die nach dem Kampftrinken des vorangegangenen Abends nicht mehr zur eigenen Kabine gefunden hatten und jetzt auf dem Teppich schlummerten. Die Designer-Hemden verlangten nach Tante Clementine, in den desolaten Gelfrisuren stiefelten vermutlich Hausstaubmilben herum, und eine der Sonnenbrillen vermisste ein Glas - wie uncool! Statt Kommissar Derrick eilte ein Steward herbei und begann mit Weckversuchen, die aber nur unwilliges Knurren hervorriefen. Die drei „Patienten" erregten das Interesse einer alten Dame.

Überaus besorgt wandte sie sich an den Steward und fragte ängstlich: „Was fehlt denn den drei Herren?"

Der Bedienstete sprach zwar kein Deutsch, doch er verstand den Sinn der Frage.

Mit einer Handbewegung deutete er eine Trinkbewegung an und ergänzte: „very much."

Plötzlich erhellte sich das Antlitz der älteren Lady und sie strahlte sichtlich erleichtert: „Ach so, ja, ja, das kenne ich! Sie müssen die Männer nur schlafen lassen - einfach schlafen lassen!"

Die Antwort kam so überraschend, dass wir lauthals lachen mussten. Der Steward verstand den Vorschlag freilich nicht, er wäre auch kaum amüsiert gewesen. Schließlich stand das Anlegemanöver kurz bevor, und da möchte man sich solch lieber Gäste doch hurtig entledigen...

Pierre`s Mädchen

Der frische Wind in Schottlands hohem Norden blies uns um die Ohren. Wir standen im winzigen Hafen Scrabster und warteten auf die Fähre, die uns über die Faröer-Inseln nach Island schippern sollte. Die Bäckchen hatten sich gerötet, teils durch die Kälte, doch mehr noch durch eine gewisse Vorfreude.

Die Insel aus Feuer und Eis verhieß ein Abenteuer, vor allem wenn man bedenkt, dass diese Reise schon sehr viele Jahre zurückliegt. In dieser Zeit waren noch Pioniergeist und Nehmerqualitäten gefragt. Das Eiland am Polarkreis galt als touristisch weitgehend unerschlossen, und die Umrundung auf der ca. 1.300 km langen Ringstraße barg gewisse Risiken. Anders als heute war sie nicht geteert, sondern führte durch Sand, Steine, Schlamm und Geröll. Ab und zu kreuzten muntere Bächlein die Piste und sorgten für Kurzweil - besonders wenn man deren Tiefe unterschätzt hatte und so sein Fahrzeug fast zum U-Boot umfunktionierte.

Einer Fahrt nach Island musste eine akribische Planung vorangegangen sein, sollte sie nicht im Fiasko enden. Betrachtet man die Reihe der Wartenden, so blickte man auf Menschen, die anscheinend alle den hohen Anforderungen der Naturgewalten zu trotzen vermochten. Harte Wüstenfüchse mit khakifarbenen Hosenanzügen, hehre Bergsteiger mit wogenden Rauschebärten und kühne Gletschergänger mit leuchtfarbenen Thermojacken und verwegenen Spikes am Gürtel - all diese gestandenen wilden Naturburschen und -mädchen gaben sich hier ein Stelldichein.

Die meisten Fahrzeuge in der Warteschlange waren VW-Busse und Geländewagen, vollgepackt mit Kanistern, Sandblechen, Spaten, Seilen und all diesen Dingen, die bei gewagten Expeditionen unerlässlich scheinen.

Zwischen diesen gut gerüsteten Experten fiel ein Reiseteam vollkommen aus der Reihe und vermochte dieses Klischee so ganz und gar nicht zu bedienen!

Besagtes Reiseteam setzte sich aus folgenden Komponenten zusammen: Ein einfacher Renault-Kleinbus ohne jegliche Zusatzausstattung, ein junger Mann in der Funktion als Chauffeur und sechs ältere Damen als Passagiere. Letztere standen etwas abseits und zogen immer wieder Blicke auf sich. Mit ihren eleganten Kostümen in Beige-, Grau- und Schwarztönen, den glänzenden Lackschuhen und den kecken Hüten auf den ergrauten Häuptern wirkten sie in dem eher schäbigen Hafen etwas deplatziert. Die Damen unterhielten sich angeregt auf französisch. Besser ausgedrückt - sie führten eine Konversation, die von Disziplin geprägt und von einer dezent arroganten Mimik in deren Gesichtern begleitet wurde. Wir gewannen den Eindruck, hier parliert der Hochadel. Der junge Mann lehnte an einem rostigen Geländer, schaute hinaus auf das Meer und versuchte, durch Hineinspucken in selbiges den Wasserspiegel zu heben. Offensichtlich langweilte er sich. Ich gesellte mich zu ihm und erfuhr sogleich, dass er Pierre hieß. Sein Redebedürfnis war groß, so wusste ich bald um Sinn und Zweck seiner Reise.

Pierre, seines Zeichen Student aus Paris, fungierte sozusagen als Butler der sechs Damen. Die alten Mädchen, wie er sie nannte, wollten sich mit der Islandreise einen Traum erfüllen, und er hatte den Zuschlag als Reiseleiter erhalten. Die Madames waren zwar nicht blaublütig, doch stammten sie durchweg aus besseren Kreisen. Pierre bekam das zu spüren.

„Für die bin ich eigentlich nur Luft", erzählte er mir.
„Ich muss die chauffieren, wohin sie wollen, darf die Koffer schleppen, sogar deren Geld und Schmuck aufbewahren, Anmeldungen ausfüllen und einiges mehr. Eine Unterhaltung über das Dienstliche hinaus scheint aber unter ihrer Würde zu sein. Ich fühle mich wie ein Knecht, ein Sklave!"

Nachdem er seinem Ärger ein wenig Luft gemacht hatte, verriet er mir auch noch die Wetteraussichten. Mit sorgenvollem Gesicht sprach er von einem gewaltigen Sturmtief, begleitet von heftigen Gewittern und starken Regenfällen über dem Atlantik.

„Genau auf unserer Reiseroute - das kann ja heiter werden", fügte er mit noch unglücklicherer Miene hinzu.

Mittlerweile hatte das Schiff angelegt, spuckte einige Fahrgäste sowie Autos aus, und langsam begann die Einschiffung. Heutzutage bedient die große und komfortable „Norröna" die Strecke, damals jedoch schipperte die „Smyril" über den Atlantik. Sie war ein alter Pott mit nur wenig mehr als 80 m Länge und - wie man freimütig einräumte - mehr für ruhigere Gewässer geschaffen. Stabilisatoren suchte man vergebens, die Sicherheitseinrichtungen beschränkten sich auf das Elementarste, dafür verzichtete man auf jeglichen Hauch von Luxus.

Nach und nach verschwanden die Fahrzeuge im düsteren Schiffsbauch, wo sie sorgfältig vom Personal fixiert wurden. Größere Brummer sicherte man zusätzlich durch stabile Gurte an Wand und Decke - wir werteten das als kein gutes Omen!

Schließlich ging es los. Unter leichtem Schlingern tukkerten wir hinaus in die Weite des grauen Meeres. Die meisten Fahrgäste hatten sich in der Cafeteria eingefunden, welche die einzige Zerstreuungsmöglichkeit an Bord darstellte. Hier speiste man schlecht für gutes Geld und unterhielt sich. An unserem Tisch hatte auch Pierre Platz genommen, seine Mädels wollten wie üblich nichts von ihm wissen. Die Stimmung war beschwingt, und die zunehmenden Schaukelbewegungen des alten Kahns animierten zu manchem Scherz - noch! Auserkorenes Objekt dieser Späße waren die Behältnisse mit dem Vermerk „Tasche für rückgeführte Mahlzeiten", die im Abstand von wenigen Metern die Wände zierten. Gestandene Seefahrer bezeichnen diese Dinger im Jargon treffender als „Kotztüten". Auf einigen dieser Tüten klebte zudem die Reklame einer bekannten Burger-Kette. Ein besonders ulkiger Zeitgenosse musste wohl die Sticker angebracht haben, vielleicht um einen potentiellen Anwärter damit schneller zum Erfolg zu führen.

Der Himmel wurde immer dunkler, Regen setzte ein, Sturm kam auf. Die Fähre stampfte durch die stetig wachsenden Wellenberge, knirschte, knackte und schwankte furchterregend. Teller, Tassen und Besteck verließen die Tische und fielen zu Boden. Das Personal sicherte das Geschirr an der Theke durch spezielle Vorrichtungen und stoppte die Essensausgabe, um zu vermeiden, dass noch mehr Schnitzel der Schwerkraft zum Opfer fielen. Das Interesse an lukullischen Genüssen war ohnehin erlahmt. Immer höher türmten sich die Wasserwogen auf, im Gegenzug schwächelten die bis dato munteren Ge-

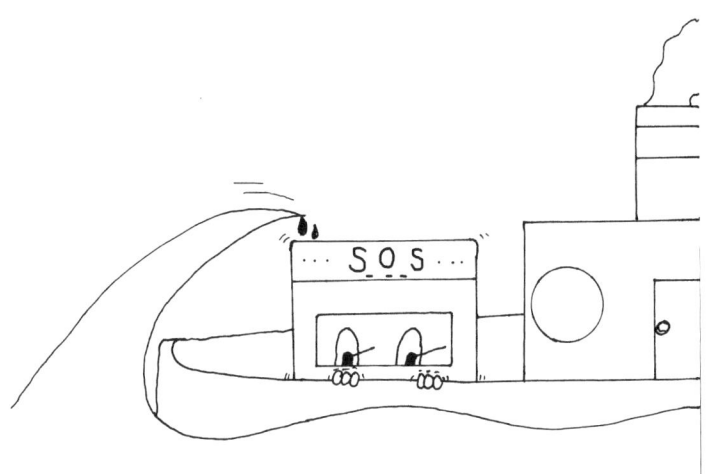

spräche in der Cafeteria. Erste Würgegeräusche waren zu hören, die Stunde der „Taschen für rückgeführte Mahlzeiten" hatte geschlagen. Unser Freund Pierre verabschiedete sich erbleicht in Richtung Kabine. Fast alle Passagiere taten es ihm gleich. Grün wie die Marsmännchen entschwebten sie mit vorgehaltenen „Taschen" zu ihren Kajüten. Auch Silvia reihte sich ein in den Zug der Lemminge. Der gastliche Raum leerte sich. In einer Ecke verharrten ein paar Hartgesottene, und auch ich blieb auf dem Posten. In meiner Ahnengalerie muss ein Klabautermann gewesen sein, der mir die Seefestigkeit vererbte, denn meine Physis spielte nicht verrückt.

Und dann gab es da noch einen weiteren Tisch, besetzt mit sechs wackeren Personen, die Poseidons Launen aufrecht und in würdevoller Haltung trotzten: Pierre`s Mädchen! Die Ladies zelebrierten anscheinend ihre tägliche Lesestunde, von der sie nichts abzuhalten vermochte. Mit der rechten Hand umklammerten die Unentwegten ein Buch, mit der linken hielten sie sich zur Stabilisierung an der Tischkante fest. Die „Smyril" wankte mittlerweile entsetzlich. Beim Blick aus dem Fenster sah man wechselweise nur noch entweder grauen Himmel oder gischtende Wassermassen. Wurde ein Seitenwechsel des Lesestoffs notwendig, so nutzen die Damen geschickt den Moment der relativ ruhigen Mittellage des Schiffs, lösten kurz die linke Hand, blätterten flink mit selbiger um und führten sie graziös zur Tischkante zurück. Nach erfolgter Aktion lasen sie konzentriert weiter, so als tangiere sie der Seegang nicht im geringsten. Bewundernswert!

Das Unwetter tobte mit unverminderter Kraft. Ich besorgte mir eine Tasse Tee und jonglierte diese zu Silvia in die Kabine. Immerhin schaffte ich es, die Hälfte des Inhalts meinem gemarterten Patienten zu kredenzen. Danach stattete ich Pierre einen Besuch ab und brachte ihm ebenso ein (halbes) Tässchen ans Krankenlager. Schließlich krochen wir in die Koje. Je nach Neigung der Fähre rutschten wir entweder an die Kabinenwand oder wurden vom Schutzgitter des Bettes am Herausfallen gehindert. Wir hörten die Brecher an die Schiffswände knallen und lauschten der mannigfaltigen, bedrohlichen Geräusche, die aus den Eingeweiden des Potts an unser Ohr drangen.

„Wir kriegen weder eine anständige Beerdigung und schon gar kein ordentliches Grab", klagte Silvia in die Dunkelheit hinein, „und unsere Seelen können wahrscheinlich nicht einmal schwimmen."

„Glaube mir", hob ich an, „unser Schicksal ist es, weiter auf Erden Gutes zu tun. Wir werden hier noch benötigt!"

Die Kraft meiner Worte konnten Silvia nur unzulänglich beruhigen, und einen Eid darauf hätte ich auch nicht lei-

sten wollen. Irgendwann hatten wir uns müde gejammert und tauchten in einen leichten Schlummer ein. Plötzlich kreischte eine schrille Sirene auf. Wir schreckten aus dem Bett, zogen uns an und hasteten hinauf zum Oberdeck.

„Mamma mia, die lassen die Rettungsboote herunter, und ein Haufen Leute ist auch schon da", schrie Silvia entgeistert.

Ich sah uns schon in einer winzigen Nussschale auf hohen Wellen im kalten Meer treiben - kentern - und schließlich ertrinken, als gerade ein Uniformierter der Schiffscrew erlösende Worte fand:

„Meine Damen und Herren! Kein Grund zur Beunruhigung. Wir leeren lediglich die Rettungsboote aus, da sie mit Wasser vollgelaufen sind. Gehen Sie bitte zurück in Ihre Kabinen, Sie behindern hier nur unsere Arbeit. Vielen Dank für Ihr Verständnis! Gute Nacht!"

Ein Gemeinschaftsseufzer der Erleichterung ging durch die Menge. Wir waren nicht die einzigen, die schon an den Supergau geglaubt hatten. Die vermeintliche Sirene, deren Ruf alle gefolgt waren, entpuppte sich als der Flaschenzug, mit dem die Rettungsboote in Bewegung gesetzt wurden. Es war sein verzweifelter Schrei nach Schmiere!

Zügig löste sich die Pessimistenansammlung auf. Die Menschen kehrten in ihre Kabäuschen zurück, und auch wir schwankten zu unseren Betten. Noch immer wütete die See grimmig, das Schiff ächzte und stöhnte wie zuvor, doch irgendwie fühlten wir uns jetzt besser und sicherer - schließlich waren wir dem Tod noch einmal von der Schippe gesprungen!? Nach soviel Theatralik übermannte uns endlich der Schlaf, und wir dämmerten dem neuen Tag entgegen.

Welch ein Tag!!!

Poseidon und Petrus hatten ihre Übellaunigkeit abgelegt, das Meer zeigte sich spiegelglatt, die Sonne strahlte mit Nachdruck - so als wäre es nie anders gewesen. Als wir „unseren" Tisch in der Cafeteria anpeilten, empfing uns schon Pierre. Aus dem grünen Marsmännchen war wieder ein französischer Student geworden. Auch seine Mädels hatten sich zu einem Aristokratenfrühstück niedergelassen, in gebührendem Abstand versteht sich! Ein

Blick aus dem Fenster verriet uns das nahende Ende der Seereise. In der Ferne sahen wir schroffe Felsen rötlich in der Morgensonne schimmern - Island, das Gebirge im Meer!

Nach dem gemeinsamen Frühstück verabschiedeten wir uns von Pierre, dessen Frondienste vor dem Landgang noch gebraucht wurden. Allerdings waren wir zuversichtlich, dass wir uns auf der Insel aus Feuer und Eis noch begegnen würden, denn unsere Streckenplanung war fast identisch mit jener von Pierre und den Mädchen. Diese Begegnung sollte ziemlich rasch erfolgen, doch dazu sind einige Worte vorauszuschicken.

In etlichen Ortschaften Islands gibt es Internatsschulen, die in den ziemlich langen Sommerferien, wenn der Schulbetrieb ruht, als Hotels genutzt werden. Die Zimmer sind zweckmäßig eingerichtet und verfügen über Dusche und WC. Wer eine anständige Bleibe zu vergleichsweise soliden Preisen sucht, der liegt mit diesen sog. „Edda-Hotels" goldrichtig. Pierre hatte entsprechend der Route die Zimmer für sich und seine Damen vorgebucht. Auch wir gönnten uns alle paar Tage den Luxus dieser Herberge, um der spartanischen Schlichtheit unseres VWs zu entsagen. So begab es sich, dass wir uns trafen.

„Formidable", freute sich Pierre und überhäufte uns mit einer Litanei in seiner Muttersprache. Schließlich fuhr er auf Deutsch fort und stellte sachlich fest:

„Der Abend ist gerettet."

Am nächsten Morgen sahen wir uns nicht mehr. Die Mädchen liebten anscheinend die frühe Morgenstunde, jedenfalls waren sie bereits samt ihrem Reiseleiter verschwunden. Vielleicht war diese große Eile der Grund für den fatalen Fehler, den Pierre an diesem noch so jungen Tag beging. Pierres Dienstleistungen beschränkten sich nicht nur auf Chauffieren und Kofferschleppen, sondern beinhalteten auch die ehrenvolle Aufgabe der Vermögensverwaltung. Die „Golden Girls" hatten ihm Papiere, Schmuck und einen erheblichen Bargeldbetrag anvertraut. All diese Wertsachen bewahrte er in einer Art Aktentasche auf, die er stets hütete wie seinen eigenen Augapfel.

Normalerweise!

An jenem Tag allerdings stand besagte Tasche herrenlos in der belebten Vorhalle der Schule bzw. des Hotels. Da anscheinend nur ehrliche Menschen zugegen waren, fiel die Mappe auch nicht langen Fingern zum Opfer. Im Gegenteil. Eine besorgte Dame nahm sie an sich und brachte sie umgehend zur Rezeption. Der Diensthabende öffnete sie, staunte nicht schlecht über die Schätze, die sich ihm offenbarten, und konnte auf Grund der enthaltenen Papiere die Besitzer der selben identifizieren. Ein Blick in die Bücher verriet dem hellen Mann, dass die betreffenden Personen bereits abgereist waren, aber im Nachbarort Zimmer in einem weiteren Edda-Hotel für die kommende Nacht gebucht hatten. Zufällig hielt just in diesem Moment der Linienbus vor der Haustür, auf dessen Route auch das gerade genannte Hotel lag. Es folgte ein kurzes Gespräch mit dem Busfahrer und schon wenige Minuten später schaukelte das „Wertpaket" durch Islands Weiten dem zugedachten Bestimmungsort entgegen.

Die eben geschilderte Begebenheit ereignete sich schon vor unserem Erscheinen beim Frühstück, war aber jetzt in aller Munde, da eine willkommene Abwechslung. Wir dachten an den armen Pierre. Hatte er den Verlust schon bemerkt? Wenn ja, musste der Schreck tief sitzen! Wusste er überhaupt, wo ihm das Köfferchen abhanden gekommen war? Was würde er unternehmen? Unsere Gedankengänge waren müßig, helfen konnten wir schließlich nicht. Im Gegensatz zu ihm wussten wir aber um den guten Ausgang der Geschichte. Wir genehmigten uns also ein anständiges Frühstück, schwangen uns danach in unseren greisen VW und nahmen wieder die Spur der Ringstraße auf. Kaum dass wir ein halbes Stündchen unterwegs waren, kündigte eine Staubfahne wieder einmal ein nahendes Fahrzeug an. Schon bald erkannten wir darin Pierres Renault.

„Der ist zu neuen Erkenntnissen gelangt", bemerkte Silvia nicht ganz frei von Süffisance.

In verwegenem Tempo jagte er uns auf der staubigen Piste entgegen. Ich betätigte mehrmals die Lichthupe und gab ihm durch Handzeichen zu verstehen, er möge anhalten. Pierre kam der Aufforderung umgehend nach, sprang aus dem Wagen, lief wild gestikulierend und sichtlich aufgelöst auf uns zu. Um den gestressten Mann von

seinen Sorgen zu erlösen rief ich sogleich:
„Mach dir keine Gedanken, der Aktenkoffer ist da! Und so, wie es ausschaut, komplett mit Geld, Schmuck und allem."
Mittlerweile waren auch seine Mädels ausgestiegen. Von der bisher an den Tag gelegten Noblesse war nichts mehr zu spüren. Aufgeregt tanzten sie hin und her und schnatterten in hohen, singenden Tönen durcheinander. Poseidons wilde Gebaren hatten es nicht vermocht, die Damen aus der Fassung zu bringen, die Sorge um ihr Hab und Gut dafür um so gründlicher. Die frohe Botschaft aus meinem Munde war ihnen unverständlich geblieben und so beeilte ich mich Pierre den Sachverhalt zu erklären, der wiederum seine Mädchen informieren und somit beruhigen konnte. Nach kurzer Debatte hatte die Kunde des Heils alle Anwesenden erreicht, die Falten der Anspannung wichen, und eine gewisse Heiterkeit machte sich breit. Pierre erlebte eine Mutation vom unglücklichsten Menschen zum glücklichsten dieser unserer Erde (zumindest behauptete er das), und sogar die Ladies bedankten sich für die Überbringung der guten Nachricht. Den Verlust der „Schatzkiste" hatten sie übrigens bei der Rast an einem Wasserfall bemerkt, als eine der Damen nach ihrer Halskette aus der Tasche verlangte. Schließlich zogen wir alle nach diesen Momenten des Glücks wieder unserer Wege. Die Mädchen schienen Pierre wegen seiner Nachlässigkeit keine Vorwürfe zu machen, waren aber nach dem kleinen Intermezzo des Gelöstseins schnell zu ihrer aristokratischen Steifheit zurückgekehrt. Zwei Tage später trafen wir uns ein letztes Mal und erfuhren dabei, dass die wertvolle Tasche schon im Edda-Hotel auf die Eigentümer gewartet hatte, als diese dort eintrudelten. Der Linienbusfahrer war eben ein fixer Mensch. Es fehlte natürlich nichts - nicht mal ein Finderlohn wurde akzeptiert!
Bei dieser Zusammenkunft tauschten wir auch unsere Adressen aus und versprachen, uns zu schreiben. Aber wie das in den meisten solcher Fälle eben so ist - wir haben nie wieder von einander gehört...

Geister

Island ist eine einzigartige, geheimnisvolle Welt. Diese Insel aus Feuer und Eis schwimmt einsam in den Fluten des Atlantiks, irgendwo im Niemandsland zwischen Europa und Amerika. Nur allzu oft umhüllt sich das Eiland mit dunklen Wolken und widmet sich seiner Lieblingsbeschäftigung, Tiefs zu produzieren, mit denen es dann unseren Kontinent beglückt. Meteorologisch ist das erklärbar, aber vielleicht verhält es sich ja ganz anders! Möglicherweise sind die wabernden düsteren Wolken auch die Mäntel oder Umhänge von Wetterhexen, die stetig die Insel umkreisen und in speziellen Wetterküchen kichernd Wind und Regen zusammenbrodeln.

Weiß man es?

Island besitzt riesige Gletscher mit einer Mächtigkeit von bis zu 2500 Metern und unergründlich tiefen Spalten, in die schon so mancher Wanderer stürzte und nie wiederauftauchte. Es kann Fahrlässigkeit gewesen sein - natürlich. Doch eventuell hausen in den immensen Gletschern Eistrolle, die jene Wanderer zu sich genommen haben?! Die ausgedehnten Eisflächen schimmern nicht nur weiß oder bläulich. Vielerorts sind sie auch von grauer und schwarzer Farbe. Man erklärt es durch den angewehten Lavasand, oder mag es gar doch der Teufel sein, der da mit seiner Schwanzquaste am Werke ist, weil ihm das strahlende Weiß schier unerträglich erscheint?

Weiß man es?

Im Hochland erstrecken sich unwirtliche Wüsten, erheben sich kahle Berge, die kaum irgendwelche Gewächse dulden. Feuchte Nebel kriechen über die steinigen Hänge. Gelingt es den Sonnenstrahlen, sie zu durchdringen, so streifen unheimliche Schatten übers Land, oft begleitet vom wilden Heulen des Windes. Sachlich gesehen, sind dies Auswirkungen eines rauhen Klimas. Nun muss man aber wissen, dass früher die Geächteten erbarmungslos in diesem Hochland ausgesetzt wurden und meist den Naturgewalten nur wenige Tage trotzen konnten, ehe sie verschieden. Legt man diesen Aspekt zu

Grunde, so könnten die Schatten genauso gut die ruhelosen Seelen der Verbannten sein, die endlos um die Felsen streichen, und das Heulen des Windes die Schreie der Sterbenden!

Weiß man es?

An so mancher Stelle Islands bricht die Erdkruste auf und pustet heiße Dampffahnen hinaus oder schleudert gar kochende Wasserfontänen fünfzig, sechzig Meter hoch in die Lüfte. In geheimnisvollen Löchern zischt, faucht und blubbert es. An den Rändern bilden sich grüne, rote und gelbe Ablagerungen, und ein stechender Schwefelgestank reizt die Nasenschleimhäute. Der Geologe ordnet all diese Erscheinungen dem Vulkanismus zu und nennt sie typisch. Doch ist wirklich auszuschließen, dass da unten drin nicht der Satan sitzen könnte und sein Süppchen kocht? Vielleicht ist hier die Pforte zur Hölle, die Verbindung des Leibhaftigen zur Außenwelt.

Weiß man es?

Die Isländer sind dem Magischen, Mythischen, ihren Sagen und Geschichten äußerst zugetan. Sehr viele von ihnen glauben an die Existenz von Geistern und Wesen aus anderen „Ebenen". Die Umgebung bietet den idealen Nährboden dafür. Es ist beispielsweise keine Seltenheit, dass die Straßenführung verlegt wird, wenn die vorgesehene Route die Beseitigung eines Felsen nach sich ziehen würde, in dem Elfen wohnen. Das ist eine Tatsache und offiziell abgesegnet! Erwiesen ist auch, dass in Fällen, bei denen mit weniger Rücksicht gehandelt - also den Elfen der Lebensraum entzogen wurde - genau an diesen Stellen kleinere Unfälle oder Missgeschicke passierten. Die Rache der Elfen!

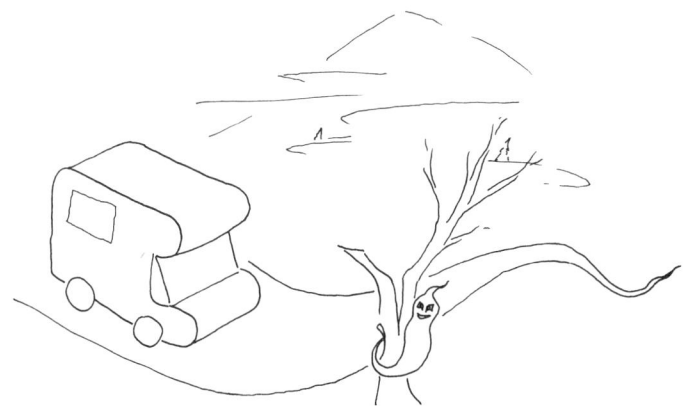

Im übrigen werden diese Wesen auch mit kleinen Blumensträußen bei Laune gehalten, die man bei ihren Domizilen aufstellt. Noch etwas anspruchsvoller scheinen Trolle zu sein, die sich ab und an mit Essbarem verwöhnen lassen. An welchen Merkmalen allerdings die Isländer erkennen, ob ein Steinbrocken, eine Wiese oder ein Erdloch von diesen Schlingeln bewohnt ist, entzieht sich unserer Kenntnis.
Und da gibt es noch einen alten Mann, der hin und wieder am Straßenrand steht und mitgenommen werden möchte. Angeblich tut er das meist an der Strecke Reykjavik / Keflavik, die relativ stark befahren ist, doch man hat ihn schon in den verschiedensten Regionen der Insel gesehen. Der alte, meist grau gekleidete Herr winkt den Autofahrern, und so bald diese Anstalten zeigen, den alten Knaben als Passagier aufzunehmen, verschwindet er augenblicklich spurlos! Ignoriert man hingegen den vermeintlichen Tramper, so muss man sich auf eine Panne oder andere Unbill einrichten. So geht zumindest die Mär!
Am Ende unserer Islandreise, auf der Rückfahrt mit der glorreichen „Smyril", lernten wir eine österreichische Fa-

milie kenne. Wir kamen ins Gespräch, wobei auch das Thema „Sagen und Geister" angeschnitten wurde. Die Österreicher erzählten dazu eine interessante Geschichte. Auf dem Weg zum Dettifoss, einen der imposantesten Wasserfälle des Landes, stand ein älterer Mann am Wegesrand, winkte und wollte mitgenommen werden. Die Piste zum Dettifoss war denkbar schlecht - Waschbrettfahrbahn gepaart mit Löchern und Steinen. Nun wollten die Austrianer ihrem Wagen bei dieser schlimmen Hopperei nicht noch mehr Gewicht zumuten und fuhren an dem Mann mit einer Geste des Bedauerns vorbei.

Irgendwann gelangten sie zu diesem wunderbaren Wasserfall, bestaunten und bewunderten ihn ausgiebig, um danach den Rückweg anzutreten. Schließlich erreichten sie wieder den Punkt, an dem der alte Mann um Mitfahrgelegenheit gebeten hatte. Es war nichts mehr von ihm zu sehen, anscheinend hatte sich jemand seiner erbarmt. Plötzlich ertönte ein Knall von vorn, der Wagen schlingerte ein wenig und ging in die Knie, bevor er zum Stillstand kam. Der rechte Vorderreifen war platt - restlos - und musste gewechselt werden. Die Diagnose eines Reifenfachmannes würde jetzt gelautet haben: Plattfuß, bedingt durch einen spitzen Stein oder ähnliches - durchaus nicht ungewöhnlich auf solch einer Piste. Vielleicht, ja vielleicht war es auch die ärgerliche Reaktion jenes Mannes, der so schnöde in der Einöde stehen gelassen wurde.

Weiß man es??!

Titos Sturz

Um unseren geschätzten Lesern einen schönen Urlaub zu bescheren, scheuen wir weder Mühe noch Kosten. Keine Anstrengung ist uns zu groß, es gibt so gut wie keine Last, die wir uns nicht aufbürden würden. Den fertigen, bequem nachzuvollziehenden Touren in unseren Reiseführern eilen daher hin und wieder Erlebnisse voraus, auf die wir wohlwollend verzichten würden. Aber wir muten uns eben gerne viel zu, damit Ihr Urlaub keine Zumutung wird.

Ihnen dieses elementare Grundwissen zu vermitteln, hat uns jetzt richtig gut getan!

Kommen wir also nach dieser kleinen Einleitung in medias res. Wir waren auf Dienstreise unterwegs in Kroatien - genauer gesagt auf der Insel Krk. Wir folgten dem Verlauf eines Sträßchens, das uns würdig genug erschien, um in die Recherchen aufgenommen zu werden. Dichtes Macchiagestrüpp bedeckte das an dieser Stelle leicht hügelige Eiland, und ein würzig-herber Duft strömte durch das geöffnete Fenster. Je weiter wir vordrangen, um so reizvoller wurde die Landschaft. Praktisch proportional umgekehrt verhielt sich der Straßenzustand. Der Teerbelag war längst grobem Schotter gewichen, und die Fahrbahn wurde schmaler und schmaler. Von beiden Seiten bedrängte uns die Macchia, und allmählich drohte sie ins Führerhaus zu wachsen.

„Wir drehen um", forderte Silvia, „ich habe keine Lust, Hauptdarstellerin einer Suchaktion zu werden!"

Auch ich fürchtete bereits mit samt dem WOMO von den wilden Ranken gefangen genommen zu werden und in einen hundertjährigen Dornröschenschlaf zu versinken. Auf Grund dieser Tatsache stimmte ich Silvia zu und stoppte erst einmal.

„Gerade eben habe ich eine Lücke in dem Dickicht entdeckt - nur ein paar Meter zurück. Da können wir wenden. Wer weiß, wie das hier weiter geht," ergänzte mein liebend Weib ihren Monolog.

Das Loch in der Macchia war mir nicht verborgen geblieben, so nickte ich zustimmend, legte den Rückwärtsgang ein und fuhr vorsichtig, doch mit Nachdruck zurück.

Schon schwenkte ich in besagte Lücke und just als ich bremsen wollte, kam vom Heck unseres WOMOs ein heftiges Knirschen und Krachen. Ein derber Ruck erschütterte unser Häuschen. Im Rückspiegel sah ich Plastikteile hinaus in die Natur fliegen, der Motor starb ab. Absolute Funkstille!
Das heißt - nicht ganz. Die Vöglein zwitscherten und die Grillen zirpten. Im Moment waren wir aber nicht geneigt, den himmlischen Tönen der Natur unser Ohr zu schenken. Wie gelähmt schauten wir einander entsetzt an. Nach etlichen Schrecksekunden stöhnte ich:
„Verdammt, da war doch nichts!"
„Und ob da was war!"
Silvia konterte mit weiblicher Logik, der nichts - aber auch rein gar nichts - entgegenzusetzen war. Wir krabbelten aus dem Führerhaus und schlichen zum „Hinterteil" unseres WOMOs. Zwar war weder seitlich noch hinten ein Hindernis auszumachen, doch von unten wuchs ein respektabler Steinbrocken aus dem Boden, der sich verschämt zwischen hohen Gräsern versteckte. Die Stufen der mechanisch zu betätigenden Treppe unseres Fahrzeuges beanspruchen einen erklecklichen Teil der Bodenfreiheit, und so kam es zu dem stürmischen Rendezvous. Die Einzelteile der Ummantelung lagen einige Meter weit verstreut in der Macchia. Eine kurze Überprüfung zeigte, dass sich die gesamte Treppe durch den Aufprall kräftig verzogen hatte und somit nicht mehr funktionstüchtig war.
„Sch...!"
Mit diesem wenig damenhaften Ausdruck kommentierte Silvia die Situation. Ich fand diese Einschätzung durchaus treffend und ergänzte sie durch eine Reihe weiterer, nicht druckreifer Applikationen. Nachdem wir unseren Emotionen eine Weile freien Lauf gelassen hatten, fällte Silvia eine rationale Entscheidung:
„Wir sammeln jetzt die Teile ein, suchen uns einen Stellplatz und dann versuchen wir in aller Ruhe unser armes WOMO zu verarzten. Vielleicht bringen wir es ja wieder hin!"
Gesagt, getan.
Nach einer Kaffeepause, bei der wir unseren Unmut einigermaßen hinunterspülten, machte ich mich an die Ar-

beit. Als nicht gerade der versierteste Bastler vor den Augen des Herrn verfügte ich über die adäquate Ausrüstung. Mit den wenigen angegammelten Teilen, die schon lange irgendwo im WOMO-Bauch schlummerten, gab ich mein bestes.
Ich schraubte, drückte, zog, hämmerte und fluchte.
Nach drei blutigen Fingern klemmte die Treppe nicht mehr ganz so intensiv, doch zu einer halbwegs brauchbaren Funktion ließ sie sich keineswegs überreden. Mit meinen nicht gerade leisen Aktionen lockte ich einen Europäer italienischer Herkunft, der mit seinem Mobil in der Nähe stand, an. Unter dem Arm führte er einen umfangreichen Werkzeugkoffer mit sich, der die Qualität meiner krummen Teile um Längen übertraf. Ohne vieler Worte öffnete er seine Schatzkiste und ging an die Arbeit. Ich assistierte ihm. Die nächste halbe Stunde brachte einen weiteren blutigen deutschen Finger sowie zahlreiche italienische Hautabschürfungen.
Sonstige Erfolge: Fehlanzeige!
Schlimmeren Verletzungen beugten wir mit der Beendigung des Dramas und einem gemeinsam genossenem Bierchen vor.
Die verzogene Treppe stellte zwar kein fahrerisches Handicap dar, doch der Einstieg lag und liegt in unbequemer Höhe. Es bedarf also einiger Verrenkungen, um ins Innere zu gelangen. Silvia laborierte zu dieser Zeit an ungemütlichen Ischiasattacken, was die Sache erschwerte. Wir sannen also auf professionelle Abhilfe.
„Im Moment verspüre ich weder die Neigungen, geschweige denn die Fähigkeiten eines Reinhold Messner", stellte Silvia leicht deprimiert fest.
„Morgen suchen wir eine Werkstatt auf", tröstete ich sie.
Nach dem Frühstück des neuen Tages brachen wir auf. Eine (vermeintlich) glückliche Fügung bescherte uns alsobald einen achtlos am Straßenrand entsorgten Blechkübel. Wir sahen das etwas lädierte Objekt und hatten gleichzeitig einen Geistesblitz.
„Das Ding stellen wir als Einstiegshilfe vor die Tür, hoch genug müsste es sein", bemerkte ich abschätzend.
Silvia nickte und freute sich:
„Da sparen wir uns den Werkstattbesuch. Wer weiß, wie lange das dauert und ob das gleich klappt. Wahrschein-

lich ist es soundso besser, die Geschichte zu Hause zu erledigen."

So nahmen wir unseren neuen Passagier an Bord, wiesen ihm eine lauschige Ecke zu und tauften ihn „Tito". In den nächsten Tagen bewährte sich Tito und nahm seine Aufgabe sehr ernst. Er hatte tatsächlich die richtige Höhe und geleitete uns recht kommod ins Wohnzimmer. Natürlich war er auf Grund seines Alters schon etwas wackelig, doch hielt man sich beim Einsteigen am Türrahmen fest, so haute dies gar prächtig hin, und wir konnten uneingeschränkt unseren Recherchen nachgehen.

Und so begab es sich, dass wir uns ein herrliches Plätzchen an der kroatischen Küste aussuchten, um einen Ruhe- bzw. Badetag einzulegen. Unser Wohnmobil stand im Schatten duftender Pinien und Tito wie üblich davor. Silvia entspannte sich im Liegestuhl, meine Wenigkeit pflügte durch die kristallklaren Fluten der Adria. Um die Aussicht auf gewisse Naturschönheiten besser genießen zu können, peilte ich einen Felsriegel an, auf dem dieselben lagen und sich sonnten. Die Strafe für meinen Forschertrieb folgte stehenden Fußes. Letzterer ruhte nämlich auf dem Stachelkleid eines Seeigels - was ich auch sogleich bemerkte. Die Pein drang bis in die Haarspitzen vor, veranlasste mich umgehend, zum Festland zu schwimmen und anschließend mit schmerzverzerrtem Gesicht bei Silvia zu erscheinen.

„Ein Seeigel hat mich angefallen", stöhnte ich, „schau dir das bitte mal an."

Meine „Krankenschwester" begutachtete die Verletzungen mit dem entsprechenden Mitgefühl und zählte elf Stacheln. Der Versuch, diese mittels einer Pinzette aus dem Fleisch zu ziehen, scheiterte allerdings. Die kleinen schwarzen Lanzen brachen allesamt ab. Ein Nachbar, der sich bisher in der Sonne liegend gelangweilt hatte, witterte Abwechslung. Er trabte heran, weidete sich mit hochgezogenen Brauen an meinem Missgeschick und dozierte trocken:

„Die brechen wie Glas, das ist immer so. Der Arzt muss den Fuß aufschneiden und die Biester herausholen. Sie können auch warten, bis sie herauseitern, manchmal wandern sie auch zum Herzen und dann..."

Der nette Herr hob die Schultern, spreizte die Arme und

grinste. Ich dankte für den guten Tipp und die moralische Unterstützung. Anscheinend verstand er das als Aufforderung, denn es folgten noch weitere Weisheiten, bis er sich schließlich wieder trollte.

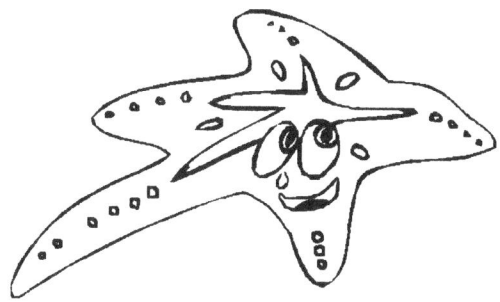

Den Rest des Tages verbrachte ich im Liegestuhl. Weiteren Schwimmaktivitäten oder gar einem Spaziergang gegenüber zeigte ich mich sehr verhalten. Während die Sonne damit beschäftigt war im Meer zu versinken, speisten wir zu Abend und gönnten uns ein Schlückchen zum versöhnlichen Ausklang. Letztendlich räumte meine Frau den Tisch ab mit dem Ehrgeiz, Geschirr und Gläser in einem Arbeitsgang wegzubringen. Es sah sehr überzeugend aus - zunächst. Doch der Weg führte über den Eimer, der, wie man weiß, schon alt und wackelig war. Mit einem Fuß hatte Silvia bereits Tito erklommen. Jetzt hätte der Griff zum Türrahmen kommen müssen. Nachdem aber beide Hände ausgelastet waren, bemühte sie sich, die fehlende Stabilität durch einen gewagten Balanceakt auf Titos „Rücken" auszugleichen. Zunächst steckte der alte Eimer die Mehrbelastung tapfer weg, doch schon einen Augenblick später begann er leicht zu schwanken. Die Schwankbewegungen steigerten sich zusehends - wurden heftiger, ungestümer - und schließlich beugte sich der geplagte Kübel den physikalischen Gesetzen. Tito stürzte!
Um dem gleichen Schicksal zu entkommen, hätte Silvia das Geschirr und die Gläser fallen lassen und sich blitzschnell anhalten müssen. Doch einer guten Hausfrau widerstrebt es freilich, das Porzellan der Vernichtung preiszugeben. Die Erdanziehungskraft schlug erbarmungslos zu! Der Eimer rollte unter blechernem Lachen beiseite, das Geschirr zerbrach am Boden, und Silvia wähl-

te die Scherben als Landeplatz. Der Lärm riss mich von meinem Krankenlager hoch, und ich eilte humpelnd zum Ort des Schreckens. Meine arme Frau hatte sich den Fuß verknackst und blutete aus einer Wunde am Arm.

Schlimmeres war gottlob nicht passiert. Selbstlos, ohne auf die eigenen Schmerzen zu achten, leistete ich Erste Hilfe und legte einen Verband an. In stiller Übereinkunft zogen wir uns danach zur Nachtruhe zurück, um weiteren Überraschungen den Nährboden zu entziehen - natürlich nicht, ohne Tito zuvor an seinem angestammten Platz deponiert zu haben.
Eigentlich wäre die Geschichte damit zu Ende. Doch sicherlich hegen Sie jetzt ein gewisses Interesse an unserem weiteren Wohlergehen, deshalb sei Ihnen noch so viel verraten:
Klar - trotz unserer Fuß- bzw. Beinverletzungen - setzten wir unsere Recherchen fort, wenn auch nicht mit der gewohnten, geschmeidigen Eleganz in den Bewegungen. Silvias Armwunde besserte sich schnell und der letzte meiner elf Igelstacheln eiterte zwei Monate nach dem Vorfall ans Tageslicht - einen Arztbesuch hatte ich mir verkniffen.
Ja - und Tito - Tito ging den Weg alles Irdischen. Nach einer würdevollen Verabschiedung fand er am Ende unserer Reise seine letzte (?) Ruhestätte in einer österreichischen Recyclingfirma. Wer weiß, vielleicht ist Tito in seinem neuen Leben eine richtige, ernstzunehmende Trittstufe geworden...

Egidius Müller, Pauschaltourist

Von einigen Seiten wurde bereits Silvia, meine bezaubernde Frau und Reisebegleiterin, sowie auch meine Wenigkeit angesprochen, warum wir stets Individualreisen bevorzugen.

„Unternehmt doch mal eine Pauschalreise, vielleicht mit dem Bus. Ihr braucht Euch um nichts zu kümmern, seht viel mehr, habt keine Arbeit, müsst nicht selber chauffieren - es ist einfach toll!" so lautete der einhellige Tenor.

Natürlich hatten wir ein offenes Ohr für diese Vorschläge, doch vorher stellten wir einen Vergleichstest an. Zum einen legten wir eine ganz normale Nordlandfahrt unsererseits zu Grunde, und zum anderen beschäftigten wir uns mit dem Schicksal des Pauschaltouristen Egidius Müller, der zufällig auf der gleichen Route unterwegs ist. Wie wird das Ergebnis ausfallen? Wird es Parallelen geben?

Die Spannung wächst, gehen wir in medias res!

Ziel der ersten Etappe unserer Fahrt ist die Ostsee. Ähnlich wie Herrn Müller steht uns ein langer Weg bevor. Eigentlich sollte es um fünf Uhr morgens losgehen, doch ich bin ein verschlafener Geselle, und auch Silvia wird vom Sandmann länger als gewollt im Bett festgehalten. Die Abfahrt verzögert sich um eine halbe Stunde. Das ist an sich unerheblich, nicht wahr? Bald erklingen aus dem Bordcassettenrecorder unsere Lieblingsweisen und sorgen für Schwung und Kurzweil. Nachdem sich die Morgenmuffeligkeit vollends in Wohlgefallen aufgelöst hat, entwickelt sich eine angeregte Konversation und bietet so eine angenehme Abwechslung. Bei einem Päuschen schätzen wir die nach gusto zubereitete Brotzeit und freuen uns über die unbe-

streitbaren Qualitäten der eigenen Bordtoilette. Am Spätnachmittag stehen wir schließlich am Strande der Ostsee und lauschen zufrieden dem Plätschern der Wellen. Egidius Müller legt viel Wert auf Bequemlichkeit und Erholung. Deswegen hat er die Firma „Scandifrost" (den Spezialisten für Nordlandbusreisen schlechthin) auserkoren und vertrauensvoll die Reise gebucht. Leider ist auch er Langschläfer und liegt ein lächerliches halbes Stündchen länger in den Federn. Doch für ihn heißt die Devise jetzt Beeilung. Der Bus wartet nicht. Mit wütend knurrendem Magen - das Frühstück fiel wegen Zeitmangels aus - hetzt er zum vereinbarten Treffpunkt. Er schafft es gerade noch rechtzeitig. Keuchend lässt er sich in den Sitz fallen und ringt nach Atem. Der Busfahrer, seines Zeichens ein umsichtiger Mann, schätzt seine Fahrgäste sehr und befragt sie nach ihren Musikwünschen. Zwölf Leute entscheiden sich für leichte Muse, vier plädieren für Klassik, sieben möchten mit Rock unterhalten werden, und das junge Pärchen steht auf Rap. Egidius Müller möchte gar keine Musik hören. Der Busfahrer findet für alles eine Lösung. Er füttert seinen CD-Player mit einer aufrüttelnden Scheibe: Ernst Mosch - Rauschende Birken. Im Rahmen einer anspruchsvollen Rede wünscht er seinem Publikum eine gute Reise und verkündet - zu seinem größten Bedauern - dass ein Defekt das Bordklo lahmgelegt hat und es daher freilich nicht benutzt werden darf.

„Komisch, vorhin funktionierte es noch", wundert sich ein Passagier, „das kann doch nur einen Grund haben!"
Genau diesen einen Grund wünscht der Chauffeur des Reisebusses nicht zu hören. Er stellt die Musikanlage lauter, das Rauschen der Birken mutiert zum Dröhnen. Mittlerweile verspürt Herr Müller dringende Bedürfnisse. Die Morgentoilette war aus Zeitmangel auf ein Mindestmaß beschränkt, jetzt kommen die Auswirkungen zum Tragen. Für einen Zwischenhalt ist es noch zu früh, der ist erst später vorgesehen. Der arme Egidius sitzt mit verschränkten Beinen vornübergebeugt in seinem Sessel, bearbeitet mit den Zähnen die Unterlippe und baut auf seine Körperbeherrschung. Eigentlich betreibt er auch gerne eine gute Konversation in entspannter Atmosphäre. Seine momentane Situation erfordert aber eher stil-

les Vor-sich-hin-Leiden. Die Sitznachbarin Klara Schmitz-Pützke lässt ihm keine Chance. Sie ist magenleidend - bereits vier Operationen - und immer noch diese wahnsinnigen Schmerzen, verrät sie ihm, das fünfte Paar Wiener kauend.

Endlich steuert man einen Rastplatz an. Die Passagiere stürzen sich auf die Toiletten. Nach einiger Wartezeit darf sich Herr Müller als Vierzehnter in der Reihe erleichtern. Schüssel, Brille und die nähere Umgebung präsentieren sich inzwischen recht malerisch. Nach der Geschäftsabwicklung verspürt unser Pauschaltourist Hunger. Anders als Frau Schmitz-Pützke, deren eigener Wiener-Vorrat schier unerschöpflich scheint, muss Herr Müller auf die schlechten, labberigen Brötchen zurückgreifen, die der Busfahrer für gutes Geld verkauft.

Im Verlauf der weiteren Fahrt trägt Frau Schmitz-Pützke Insiderwissen über ihre Operationen an Egidius heran, unterrichtet ihn über die eklatante Schmerzhaftigkeit heftiger Blähungen und lässt ihn wissen, welch verkommenes Luder ihre Schwiegertochter sei. Die Ostsee ist erreicht. Das sanfte Plätschern der Wellen nimmt Herr Müller nicht mehr wahr. Er hat Kopfschmerzen und das Schmatzen seiner Nachbarin im Ohr. Herr Müller ist reichlich sauer.

Mit dem Schiff setzen wir unsere Reise fort. An Bord gibt es ein herrliches Buffet mit vielen Fisch- und Fleischvariationen sowie zahlreichen Salaten; Obst, Eis und Süßspeisen zum Nachtisch. Wir ergattern einen schönen Fensterplatz und lassen uns die Köstlichkeiten munden - voller Erwartung und Vorfreude auf die kommenden Erlebnisse. Ein Gläschen Cognac sorgt für die nötige Bettschwere. Allmählich ziehen wir uns in die Kabine zurück und begeben uns zur Ruhe. Ein schöner Tag klingt aus!

Auch Herr Müller befindet sich an Bord der Fähre. Gegen ein leckeres Abendessen hätte er jetzt wahrlich nichts einzuwenden, doch der Termin für die Reisegruppe ist erst in reichlich einer Stunde angesetzt. Schließlich hat das Warten ein Ende. Ca. dreißig Leute stürzen sich auf das schon etwas in Mitleidenschaft gezogene Buffet. Herrn Müller zeichnet nicht gerade ausgeprägte Behendigkeit aus, auch rüpelhaftes Ellbogendrängeln ist ihm fremd. Während Klara Schmitz-Pützke und Konsorten ihre Teller überladen, wartet er ergeben. Schließlich kommt er doch zum Zuge, freilich sind die besten Happen längst verschwunden. Leidlich satt, sehnt er sich nun nach seinem Bett. Doch er hat die Rechnung ohne seine Nachbarin Klara gemacht. Sie besteht noch auf einen gemeinsam getrunkenen Magenbitter - auf die Gesundheit versteht sich. Ihr Gesundheitszustand scheint sich zu verschlechtern, denn es sind noch mehrere jener Kräuterschnäpschen nötig. Mit dem festen Vorsatz, die nächsten zwei Jahre keinen Magenbitter mehr zu trinken, und die ganze Pauschaltouristik einmal gründlich zu überdenken, legt sich Herr Müller letztendlich schlafen.

Hallo! Wir grüßen aus Skandinavien. Die Landschaften im Norden sind wirklich faszinierend. Die Wälder scheinen endlos zu sein. Hier findet ein reißender Bach seinen Weg durch die Tannen und dort ruht, eingebettet im Grünen, ein dunkler See. Kleine Wellen kräuseln die Wasseroberfläche. Das Schilf wiegt sich leicht im Wind. Einige kleine Blockhütten kuscheln sich ans Ufer - es ist herrlich! Spontan beschließen wir, hier zu bleiben. Ein lauschiger Stellplatz findet sich schnell. Wir lassen die Seele baumeln und unternehmen ausgedehnte Spaziergänge. Das ist Urlaub!!

Nun - es sieht so aus, als wäre Herr Müller auch versöhnt. Er findet Gefallen an den Naturschönheiten, genießt die dunklen Wälder und die klaren Bäche. Als er schließlich noch zu jenem See gelangt, wo das Schilf sich leicht im Winde wiegt und an dessen Ufer sich die hübschen Blockhäuser kuscheln, ist er ganz verzaubert. Hier möchte er verweilen, spazierengehen, Körper und Geist erfrischen. Na also!

„Das Vertragshotel der „Scandifrost" liegt 78 km weiter entfernt,

am Rande einer kleinen Industriesiedlung", weiß der Busfahrer zu berichten. „Wir können hier unmöglich einen Aufenthalt einschieben, unser Zeitplan würde durcheinander geraten. Und außerdem - diese Holzhütten bieten doch kaum Komfort - unser Hotel ist ein zweckmäßiger Neubau, alle Zimmer mit Bad und WC."
Egidius Müller atmet tief durch und nimmt eine Beruhigungstablette. Er baut noch auf Stockholm. Schon immer wollte er der schwedischen Metropole einen Besuch abstatten, sich Kunst und Kultur zu Gemüte führen. Bis es soweit ist, wird er aber noch von Klara Schmitz-Pützke erfahren, dass erst neulich wieder ihr Nachbar fremdging, der Wellensittich von Onkel Otmar im gesegneten Alter von nahezu 16 Jahren in den Vogelhimmel einging und dass das eitrige Geschwür an ihrem großen Zeh äußerst unangenehm riecht.
Nach gemütlicher Fahrt laufen wir in Stockholm, dem Venedig des Nordens ein. Der Ausblick auf die Schären, die zahlreichen Wasseradern und Brücken sind ein Genuss. Wir stellen unser Mobil ab, streifen durch die Altstadt und bewundern die berühmten Bauwerke, wie etwa die Riddarholmskirche, das Königliche Schloss und das Stadthaus - um nur einige zu nennen. Irgendwann geht es weiter. Über die Großen Seen streben wir allmählich wieder unserem Fährhafen zu, natürlich nicht, ohne zuvor an besonders netten Plätzchen gerastet zu haben. Schöne Zeiten vergehen schnell, unsere Reise neigt sich dem Ende zu. Mit vielen neuen und interessanten Eindrücken im Gepäck „entern" wir wieder das Fährschiff, das uns zurück nach Deutschland schippert. Reisen ist doch was Herrliches!
Der Bus der Firma „Scandifrost" hat Stockholm erreicht. Trotz aller Umsicht des Busfahrers gibt es Probleme mit dem enggestrickten Zeitplan. Er ist jedoch ein Mann der Tat und weiß sich zu helfen.
„Sehr verehrte Damen und Herren", quäkt die Stimme des Chauffeurs über die Lautsprecher. „Wir sind leider etwas in Druck geraten, das Programm wird gerafft. Im Rahmen einer einstündigen Rundfahrt zeige ich Ihnen die Sehenswürdigkeiten der Metropole. Der vorgesehene Nachmittag zur freien Verfügung fällt aus. Auf der rechten Seite sehen Sie.....auf der linken Seite sehen Sie.....auf

der rechten Seite sehen Sie....."
Den Rest der Reise verbringt Egidius Müller apathisch im Sitz liegend.

Zu Hause angekommen, richtet er einen Beschwerdebrief an die Firma Scandifrust Nordlandbusreisen...

Liebe Leserin und lieber Leser!
Wir hoffen, die Schilderung unserer kleinen Reise hat Ihnen ein wenig Freude bereitet. Das parallel laufende Schicksal des Pauschaltouristen Egidius Müller ist natürlich frei erfunden. Es gibt weder ihn, noch die Firma „Scandifrost". Jede Ähnlichkeit mit lebenden oder bereits verblichenen Personen wäre schon ein ulkiger Zufall.
Wir jedenfalls werden gleich morgen eine Pauschalreise buchen. Oder übermorgen. Na ja, demnächst.

P.S. Herr Müller fährt jetzt Wohnmobil. Auf dem Beifahrersitz gibt Frau Klara Schmitz-Pützke-Müller die Richtlinien vor. Herr Müllers erste Magenoperation steht unmittelbar bevor!

Bakschisch

Die Reise, von der wir jetzt berichten, fand bereits in den achziger Jahren des letzten Jahrhunderts im vergangenen Jahrtausend statt. Einfacher ausgedrückt: Es ist schon eine Weile her! Dabei mangelt es durchaus nicht an Aktualität. Wir sind uns ziemlich sicher, dass sich das damals Erlebte bei einer neuerlichen Fahrt unter den gleichen Vorzeichen genauso wiederholen würde - auch in den heutigen Tagen.

Es war unsere erste Tunesienreise. Der erste Trip auf einen anderen Kontinent! Dementsprechend sorgfältig fielen unsere Vorbereitungen aus - das dachten wir zumindest! Trotz Abhakliste und des Einsatzes unserer kleinen grauen Zellen mussten wir bei der Einschiffung im Hafen zu Genua erschüttert feststellen, dass der Fahrzeugschein unseres Mobiles durch Abwesenheit glänzte. Eine schnell eingeleitete Suche bestätigte unsere bösen Ahnungen - wir hatten das Ding schlicht vergessen. Zur Abfahrt stellte das kein Problem dar. Obwohl einige Formalitäten zu erledigen waren, interessierte sich niemand für das besagte, kleine Stück Papier. Na also! Wir beruhigten uns gegenseitig, indem wir den Südländern eine gewisse Großzügigkeit bescheinigten. Pingelige Paragraphenreiter gibt es schließlich nur in Deutschland. So genossen wir die Seefahrt auf der schmucken dänischen (!) Fähre und waren mit uns und der Welt im Reinen.

Zeitig am nächsten Morgen legten wir in Tunis an und der Schiffsbauch spuckte uns aus. In der Annahme, bald fröhlich durchs Land brausen zu können, rollten wir der Zollabfertigung entgegen. Dort wurden wir zunächst von cinem hektisch umher springenden und wild gestikulierenden Männlein in Empfang genommen. Zollhelfer sei er, und gegen einen Obolus würde er dafür sorgen, dass die Abfertigung rasch vonstatten ginge. Na gut. Wir sahen verschiedene Fahrzeugführer löhnen, also schlossen wir uns an. Daraufhin wurden unter lautem Geschrei sämtliche Vehikel den einzelnen Spuren zugeordnet. Und dann passierte nichts mehr. Kein Zöllner oder Grenzpolizist belästigte die Einreisewilligen, man gab ihnen Zeit sich zu akklimatisieren. Nach etwa einer halben Stunde der Akklimatisation und ungeduldigen Trommelns mit den Fingern auf dem Lenkrad hatte ich genug von der belästigungsfreien Zeit. Zielstrebig stapfte ich zum Bürogebäude, fragte dort einen Beamten, wie lange denn noch zu warten sei. Diese Idee war ein Produkt meiner Ungeduld und nicht der besten eine. Versehen mit einem Anschiss, schickte mich der gestrenge Zollrat zurück zum Wagen. Man gab mir die Gelegenheit, eine weitere halbe Stunde eifrig mit den Fingern zu trommeln. Schon kam Bewegung in die Geschichte. Je zwei Zöllner pro Reihe wühlten sich durch die Habseligkeiten der Reisenden. Selbstverständlich geschah dies gänzlich ohne Hast. Den Herren, die unsere Schätze in Augenschein nahmen, erschienen unsere Vorräte an Dosenbier als zu hoch. Nachdem vier Döschen den Besitzer gewechselt hatten, war offenbar ein Niveau erreicht, das die Staatsdiener bedenkenlos akzeptieren konnten. Sie trollten sich zum Nächsten. Irgendwann war das Gesamtkunstwerk vollbracht. Es kam Leben in die Autoschlangen. Der ganze Pulk robbte vorwärts. Doch kaum waren 200 Meter zurück gelegt, geboten die nächsten Schlangenbändiger Einhalt. Passkontrolle!

Zunächst kamen die Zollhelfer zum Einsatz. Sie verteilten Formulare, die es auszufüllen galt. Dabei leisteten sie sogar Hilfestellung, wofür sich so manch einer dankbar zeigte. Französische, englische sowie arabische Schriftfragmente zu interpretieren, ist nun mal nicht jedermanns Sache. Die kleinen, wuseligen Männer waren sich ihrer Bedeutung durchaus bewusst. Stolz trugen sie ihre Wichtigkeit zur Schau.

Nachdem diese Hürde genommen war, begannen die „Richtigen", die Uniformträger ihre Arbeit. Ein jüngerer, nichtsdestotrotz reichlich besternter Beamter, knöpfte uns das Formular mit samt den Pässen ab und verschwand damit im Büro. Nach einem Weilchen tauchte er wieder auf und händigte uns die gestempelten Ausweispapiere aus. In der Meinung, die Formalitäten seien somit erledigt, verabschiedeten wir uns freundlich. Doch der Herr war noch nicht bereit, auf unsere Gesellschaft zu verzichten.

„Paperrs of se carr", forderte er eindringlich.

Der Schreck fuhr uns in alle Glieder. Was tun? Geistesgegenwärtig zog ich die Grüne Versicherungskarte aus der Tasche und drückte sie ihm in die Hand. Nach einem kurzen, missbilligenden Blick, bekam ich sie zurück.
"No, paperrrs of se carrr!"
Das "R" rollte er jetzt noch intensiver als zuvor. Es klang bedrohlich in unseren Ohren. Ich versuchte, ihn noch mit Impfpass und Rotkreuz-Ausweis zufrieden zu stellen - aber vergebens. Wir starteten eine emsige Suche, wohl wissend, das diese Liebesmüh` zu keinem Ergebnis führen würde. In uns keimte die Hoffnung, der Grenzler besinne sich vielleicht auf seine südländische Gelassenheit und zöge bald mit abwinkender Geste von dannen. Weit gefehlt! Der gute Mann stand fest verwurzelt, mit skeptischem Blick unsere Aktion beobachtend. Es kam der Zeitpunkt, an dem wir schließlich einräumen mussten, der Fahrzeugschein sei wohl abhanden gekommen.
"Aber im Hafen in Genua, da hatten wir ihn noch," schwindelte ich hilflos.
Jetzt war der Ausgangspunkt für eine längere Diskussion geschaffen. Stellte sich anfangs nur die sprachliche Barriere als Problem dar, so kristallisierte sich bald ein weiteres heraus. Der Beamte stellte uns ein von ihm verfasstes Dokument (ich Chef!) in Aussicht - so eine Art Verlustanzeige - mit der wir einreisen durften und auch bei eventuellen Kontrollen nichts zu befürchten hätten. Inklusive der notwendigen Stempel! (Wer schon einmal in afrikanischen Ländern unterwegs war, weiß um den Stellenwert dieser Dinger.) Umsonst sei diese Dienstleistung natürlich nicht. An seinem pekuniären Interesse ließ er keine Zweifel aufkommen.

Wir berieten uns kurz. Die Geschichte erschien uns nicht geheuer. Aber welche Alternative blieb denn? Also stimmten wir zu. Plötzlich konnte der Staatsdiener auch lächeln. Er deutete mir ihm zu folgen. Hinter einem verschwiegenem Lagerschuppen begannen die finanziellen Verhandlungen. Mir gelang es, die impertinent hohen Forderungen herunter zu schrauben, doch zu weniger als umgerechnet ca. siebzig Mark ließ er sich nicht erweichen. Dieser Betrag riss ein schmerzhaftes Loch in die Urlaubskasse - das war zur damaligen Zeit viel Geld! Freude strahlend steckte er die Scheinchen ein und entschwand mit den Worten:

„Go to se carr - wait ten minutes!"

Ich tat, wie mir geheißen. Und tatsächlich - nach zehn bangen Minuten des Wartens erschien der treue Beamte mit dem begehrten Papier.

„Sit in yourr carr," strahlte er, „you can go!"

Die Botschaft hör` ich wohl, doch allein mir fehlt der Glaube. Es war jedoch ernst gemeint. Wir durften aus der Spur ausscheren und noch vor allen anderen dem Hafenausgang zustreben. Zwei dienstbeflissene Zöllner, die unseren Aufbruch anscheinend für verfrüht hielten, stoppten uns. Doch auf einen rigiden Zuruf „unseres" Beamten hin gaben sie sofort wieder den Weg frei.

Und da heißt es immer, Subventionen würden in Afrika nutzlos verpuffen...

Auf dem Basar

Auf unserer zweiten Tunesienreise besuchten wir einen Basar in Hamamet. Sollten Sie im Moment gerade kein Bild einer solchen Veranstaltung präsent haben, so helfen wir Ihnen gerne auf die Sprünge. Bei einem touristisch ausgerichteten Basar versucht jeder der vielen Händler (leider wirklich jeder) auf irgendeine hanebüchene Art und Weise mit dem Urlauber in Kontakt zu treten, um diesem anschließend für Mondpreise Produkte anzudrehen, die kein Mensch braucht.

Diese Dinge sind restlos alle von Hand gefertigt, natürlich aus erlesenen Materialien von höchster Güte - und die Erde ist eine Scheibe!

Etwas in Ruhe ansehen liegt außerhalb jeder Möglichkeit. Ein schneller Blick, ein schüchterner Fingerzeig der Gemahlin - kurzum - der Hauch eines Interesses, und schon sieht man sich einem nicht endenden Wortschwall seitens des Händlers ausgesetzt. Abgesehen von wenigen phantasiereichen Varianten der Gesprächseröffnung hört man meist den Spruch: „Nur kucken, nix kaufen!" Das ist mächtig verlogen und wird auch nach der x-ten Wiederholung nicht wirklich interessanter.

Als mich nun bei unserem Bummel der ungefähr sechste Händler mit besagtem Spruch nervte, ging ich in die Gegenoffensive über. Ich baute mich vor dem Mann auf, schlug das Revers meiner Jacke zurück, so dass der

Blick auf die Innentasche frei wurde. Hier steckten, säuberlich aufgereiht, rund fünfzehn Kugelschreiber. Die Schreibwerkzeuge waren damals als kleine Geschenke recht beliebt. Ich sagte in bester Geschäftsmanier:

„Nix viel kucken - kaufen!" Der Angesprochene war für einen Augenblick perplex, damit hatte er nicht gerechnet. Doch nach einer kurzen Verarbeitungsphase des gerade Erlebten, amüsierte er sich köstlich und lachte. Es folgte eine Einladung zum Tee und wir unterhielten uns.

Bei dieser Gelegenheit wurden wir auch Zeuge einer Geschäftsabwicklung. Ein Touristenpärchen näherte sich, bekundete Interesse an einem Teeservice und fragte nach dem Preis. Die Verhandlungen begannen. Plötzlich trabte der Händler von gegenüber an. Er wandte sich an die Zwei:

„Dieser Mann Halsabschneider!" Theatralisch untermalte er die Aussage, indem er mit dem Zeigefinger über seinen Kehlkopf strich. „Viel zu teuer! Gleiche Ware bei mir halber Preis. Kommen kucken!"

Unser Händler protestierte und versuchte den Konkurrenten zu verjagen, was eigentlich unnötig war. Er ging freiwillig, aber er hatte die Touristen schon im Schlepp. Und tatsächlich - der Mann bot das gleiche Produkt zum halben Preis an. Natürlich schlug das Pärchen sofort zu. Die Beiden konnten es sich nicht verkneifen mit der Ware unterm Arm und triumphierenden Blickes an unserem Händler vorbei zu patrouillieren. Der solchermaßen geschmähte Mann konterte nur mit einem hilflosen Schulterzucken.

„Das war aber nicht fair von dem Kollegen", stellte Silvia ein wenig entrüstet fest.

Der Händler winkte ab und grinste. „Yussuf ist mein Freund. Wir arbeiten zusammen, das ist unser Trick. Wenn die Leute plötzlich nur noch die Hälfte zahlen sollen, springt praktisch kein Kunde mehr ab."

„Und Gewinn gut für beide," strahlte Yussuf, der gerade heran spaziert kam und seinem Freund zwei Scheine zusteckte...

Wasserspiele

Pussta, Pörkölt, Piroschka. Das sind drei Gründe, die eine Ungarnreise erstrebenswert machen können. Pussta verheißt Freiheit, bedeutet unendliche Weiten mit weidenden Graurindern und Czikós - den Pferdehirten - die stehend auf dem Rücken ihrer Tiere über die Steppe preschen, dass es nur so staubt. Irgendwann erreichen sie dann ein Lager, wo, an einem Dreibein hängend, ein Kessel mit Pörkölt paprikaschwanger vor sich hinköchelt. Das Pörkölt - wir neigen eher dazu es Gulasch zu nennen - wurde natürlich von den Piroschkas zubereitet. Nach einem uralten Familienrezept versteht sich! Und weil das beim Kochen so wahnsinnig praktisch ist, haben sich die ungarischen Frauen in wunderschöne Gewänder gehüllt. Trachten, die auf eine lange, lange Tradition zurückblicken. Nach dem genossenen Mahl wird schließlich zur Verdauung zunächst einmal der eine oder andere „Barack palinka" (Aprikosenschnaps) verkonsumiert, um danach gemeinsam rührseliges Liedgut anzustimmen. Genauso, wie es die Altvorderen schon vor Jahrhunderten zu tun pflegten. Vielleicht zaubert auch der eine oder andere Czikós eine Geige aus der Tasche und lässt diese traurig aufschluchzen. Dann wird selbst der Mond, der die Szene ins rechte Licht gerückt hat, ein paar Tränen vergießen.

Sollten wir Sie mit diesen leicht Klischee behafteten Argumenten noch nicht restlos zu einer Ungarnreise animiert haben, müssen wir wohl ein weiteres ins Feld führen. Wir haben da noch etwas Handfestes in petto! Das Magyarenland bietet eine Vielzahl von kleinen und großen Thermalbädern, in deren Becken sich angenehm warmes Heilwasser bemüht, die Beschwerden der Badegäste zu lindern. Gerne geben sich auch Wohnmobilisten dieser Wohltat hin, um den durch strapaziöse Reisen gebeutelten Knochenapparat Entlastung bieten zu können. In der Regel verfügen die Becken über reichlich Sitzgelegenheiten. Man gleitet ergo ins warme Wasser, nimmt irgendwo Platz und entspannt sich. Es gibt Menschen die dösen vor sich hin, manche lesen. Die meisten Badegäste jedoch pflegen die Konversation, die aber nicht immer gepflegt sein muss. Man hat Muße, die verschiedensten Leute zu beobachten, zu taxieren, um sie danach in ein gewisses Raster einzuordnen. Und diese Wahrnehmungen werden kundgetan!

„Schau mal, der Dicke da drüben, der hat bestimmt dreiviertel seines Lebens mit Essen zugebracht. Noch drei Schnitzel und der platzt!"

„Mmh! Aber der Typ da daneben, rabenschwarze Haare. So verknittert, wie der schon ist, sind die bestimmt gefärbt."

„Ach was, der hat´ne Glatze und trägt ´ne Perücke. Sieht man doch!"

„Siehst du die Frau dort? Ja, die an der Treppe. Total Schmuck behangen geht die ins Wasser. Also, das finde ich unmöglich!"

„Ja, ja, das sind immer die Gleichen. Hier spielt man die große Dame, und zu Hause haben die nichts als Schulden!"

„Man muss sich sowieso wundern, dass die mit diesem Behang nicht untergeht!"

„Mensch, und der Bikini, der ist ja fast durchsichtig."

„Bei der Figur müsste die echt ´nen Badeanzug tragen."

„Oder einen Sack aus Jute, ha, ha!"

„Der Kerl dort hinten in der Ecke - der mit der Narbe - dem möchte ich wirklich nicht in der Nacht begegnen. Der hat bestimmt schon einiges auf dem Kerbholz, so finster wie der schaut. Der Mörder neulich, bei Aktenzeichen XY, hat genauso ausgesehen...und den hat man, glaube ich, noch nicht erwischt."

„Na, jetzt übertreibe mal nicht. Aber ich könnte mir schon vorstellen, dass der ins Wasser pinkelt und ..."

„Igitt, igitt! Noch ein Wort, und ich setze mich nie wieder hier rein. Hör auf, bitte!"

Auch wir wollen an dieser Stelle aufhören, die Ausführungen diverser Zeitgenossen zu zitieren. Sollten Sie sich allerdings auch einmal in den bunten Reigen der Thermalenden integrieren wollen, so sei Ihnen dieser Tipp mitgegeben:

„Unterhalten Sie sich nicht - Sie werden unterhalten!"

Auf eine gewisse Species Mensch hat das heilende, oft nach faulen Eiern (Schwefel) duftende Nass eine gänzlich andere Wirkung: Es regt die Sinne an. Genauer gesagt, es macht sinnlich. Pärchen aller Altersklassen rücken im warmen Wasser nahe zusammen, lächeln sich verträumt an und liebkosen sich zärtlich. Selbst Kandidaten in der „Goldenen Hochzeitsklasse", die man längst in der Partnerschaft als abgestumpft wähnt, entdecken die Liebe neu. Sie ziehen sich gegenseitig an den Öhrchen und flüstern sich Albernheiten wie Pubertierende zu. Bei den ganz Verwegenen lässt sich bisweilen sogar der Tatbestand dezenten Fummelns beobachten. Ob es letztendlich am Abend nach dem Bade noch zu „mehr" kommt, sei dahin gestellt. Thermalen macht sehr, sehr müde...

In einem einzigen Fall mussten wir feststellen, dass der Badespaß auch zu ungezügelter Aggressivität führen kann. Eben die berühmte Ausnahme der Regel. An so manchem Beckenrand stehen gebogene Rohre, aus denen in gewissen Zeitintervallen ein kräftiger Wasserstrahl ins Becken schießt. Diese Einrichtungen sind vorzüglich dazu geeignet, sich den Nacken- und Schulterbereich durchwalken zu lassen. Das Konzept ist zumeist auf eine Person ausgerichtet. So auch in dem winzigen Thermalbad nahe der österreichischen Grenze, wo sich dieses Drama abspielte:

Zwei Herren mit schneeweißen Haaren, wohl beide schon jenseits der „Siebzig" angelangt, näherten sich energisch einem solchen besagten Rohr, das just zu „schwallen" begonnen hatte. Der Eine kam von links, der Andere schritt von rechts einher. Beim Versuch, zielorientiert ins Becken zu steigen, klatschten die Körper beider zusammen. Anstatt eine Entschuldigung zu murmeln, drehten sich die Senioren Wut entbrannt einander zu und bestätigten sich gegenseitig brüllend, jeweils der Erste gewesen zu sein und somit das Vorrecht zu haben. Einen gemeinsamen Nenner fanden sie auf dieser Basis nicht. Nur der Zorn wuchs. Sie gingen dazu über, sich mit Tiernamen, denen sie unschöne Adjektive beifügten, zu belegen. Das klang dann ungefähr so:

„Sie sind doch ein ausgesprochen doofer Esel!"
„Von so einem blöden Hund wie Ihnen lasse ich mich noch lange nicht beleidigen!"

In diesem Tenor ging es einige Zeit zwischen den beiden in Würde ergrauten Herren hin und her. Als schließlich das Schwein ins Spiel gebracht wurde, war es soweit. Die Zwei begannen sich anzurempeln und gegenseitig zu schubsen.

Mittlerweile hatten sie die ungeteilte Aufmerksamkeit der anwesenden Badegäste. Das Schauspiel bot eine willkommene Abwechslung im sonst eher geruhsamen Badealltag. James-Bond-reif wirkte die Darbietung allerdings nicht gerade, die Herren gaben sich etwas steif.

Doch als letztendlich einer der Kampfhähne mit einem Aufschrei im Becken landete, spendete das Publikum reichlich Applaus. Der Verursacher trollte sich flugs. Das „Opfer" stiefelte erhobenen Hauptes - ohne nach links oder rechts zu blicken - aus dem Becken und entschwand ebenso.

Unter dem unbeeindruckt weiter sprudelnden Wasserrohr genoss eine ältere Dame mit sichtlichem Wohlgefühl die Massagewirkung der Düse...

WOMO-Leser erzählen ihre Erlebnisse

Auf den folgenden Seiten kommen WOMO-Leser zu Wort und plaudern aus dem Nähkästchen. Den Anfang macht Frau Roswitha Fischer aus Trunkelsberg, sie berichtet über ein Missverständnis. Es folgt der Bericht über einen blinden Passagier, der sich bei Frau Irmtraut Westphal aus Sauerlach eingeschlichen hat. Last but not least erfahren wir von Herrn Martin Braun aus Straubenhardt, wie der erste Urlaub mit dem eigenen Wohnmobil und der Familie verlaufen ist.

An dieser Stelle möchten wir uns bei den Lesern für ihre Zuschriften herzlich bedanken.

Burger für Bürger

Es ist schon ein paar Jahre her. Wir waren auf dem Heimweg aus dem Urlaub. Da wir beide sehr müde waren, beschlossen wir an der Autobahn noch einmal zu übernachten, obwohl es nur noch zwei Autostunden nach Hause waren.

Ein mit vielen Türmchen verzierter McDonalds an der Autobahn ließ uns herausfahren. Wo Raststätten sind, gibt es auch Parkplätze, so war unsere Devise. Leider waren auf diesem Parkplatz die Standgebühren immens hoch. Doch im Falle einer Einkehr, wie uns ein Schild verkündete, würde man eine Plakette für kostenloses Parken bekommen.

Mein Mann und ich waren noch nie in einem Mc Donalds essen, aber es gibt ja immer ein erstes Mal. Also warum mehr Geld für das Parken ausgeben als für ein Essen? Die Speisekarte war uns fremd. Mein Mann entschied sich für einen doppelten Burger und ich aß eine Schüssel Salat. Dass in ein Cola halb soviel Eis wie Cola kommt, wussten wir auch nicht. Na ja, nach dem „feudalen" Mahl fragten wir an der Kasse nach der Übernachtungsplakette und uns wurde gesagt, dass es diese nur in der Raststätte nebenan gibt - bei McDonalds werden keine Plaketten ausgegeben!

Besagte Raststätte war uns neben dem pompösen McDonalds-Bau gar nicht aufgefallen. Aber wir könnten auch direkt an der Straße parken, da dies ja kein Privatgrund wäre, überlegten wir uns.

Gesagt, getan. Es war sehr laut und nur mit Ohrenstöpseln war an Schlaf zu denken. Als wir am Morgen aufwachten, stand unser Wohnmobil inmitten eines Flohmarktes, und es war unmöglich wegzukommen. So mussten wir bis zum späten Nachmittag bleiben, bevor wir uns dann endlich auf den Nachhauseweg machen konnten.

Aber wir lachen noch heute über diese Geschichte.

Der blinde Passagier

Unser WOMO steht, wenn wir nicht gerade unterwegs sind, in einer großen Scheune auf freiem Feld. Als wir es für eine Reise in die Toskana und nach Florenz abholten, schien alles in bester Ordnung. Beim Einpacken entdeckten wir dann rechts und links unter dem Armaturenbrett ganze Haufen von Kunststoffkrümeln, und überall im WOMO fand sich Mäusedreck - in der Nasszelle, im Stauraum über dem Fahrerhaus, im Kühlschrank, im Kleiderschrank! Polster, Teppiche und Gardinen waren zum Glück in Ordnung, aber Handtücher, Bettwäsche und Toilettenpapier waren angefressen. Ich hätte heulen können, unser WOMO war schließlich noch fast neu, gerade mal ein Jahr alt.

Wo waren die Nager eingedrungen?

Wahrscheinlich über die Reifen, den Motorraum und das

Armaturenbrett, aber auch über Hohlräume am Übergang von der Standard-Fahrerkabine zum Aufbau. Dann gibt es Möglichkeiten genug, sich im ganzen Fahrzeug auszubreiten, über Heizungsrohre, Installationskanäle, Lüftungsöffnungen usw. Nun, es half nichts, alles musste gereinigt und desinfiziert werden, bevor unsere Reise beginnen konnte.

Unsere erste Station war Florenz. Als wir von der Stadtbesichtigung zurück kamen, stellten wir fest, dass eine Zwiebel und eine Kekspackung angenagt waren. Eine Maus wollte also mal in die große Welt hinaus und war als blinder Passagier mitgefahren.

Statt in die Uffizien zu gehen, mussten wir nun die Florentiner Haushaltsgeschäfte nach einer Mausefalle durchsuchen. Das Wörterbuch war nicht sehr hilfreich, so versuchten wir es mit Englisch und fragten nach „mousetrap", was auch nicht weiterhalf. In einer Zoohandlung machten wir dann mit Hilfe einer Plastikmaus und Händen und Füßen dem Verkäufer klar, was wir suchten, und er verkaufte uns zwei Fallen deutschen Fabrikats.

Am Abend genossen wir auf dem Campingplatz Michelangelo bei einem Glas Wein den herrlichen Spätsommerabend mit Blick auf die beleuchtete Stadt. Davor hatten wir die Mäusefallen „geschärft" an strategisch wichtigen Punkten platziert.

Nach kurzer Zeit kam die Maus aus ihrem Versteck und ging in die Falle, weil der Südtiroler Speck wohl besser roch als die Zwiebel.

Das arme Mäuschen liegt nun begraben unter einem alten Olivenbaum mitten in Florenz.

Die erste Ausfahrt

Was uns zwischen Weihnachten 2004 und Dreikönig 2005 mit unserem ersten eigenen Wohnmobil alles passiert ist, amüsiert uns heute noch - wenn wir mittlerweile als, na ja, sagen wir mal gereiftere Hasen - daran zurückdenken.

Wir waren nach einigen kleinen, um es genau zu sagen drei kleinen Wochenendtouren, zu unserer ersten großen Reise gen Italien aufgebrochen. Wir, das sind Martin und Michaela sowie unsere drei Kids Manuel, 14, Laura und Dominic, 9 Jahre. Voller Stolz machten wir uns mit unserem Granduca 64 vom Roller-Team auf die Reise. Papa hatte vorsorglich Winterreifen gekauft und aufziehen lassen, was sich als weise Entscheidung entpuppen sollte.

Gut ausgerüstet mit allerlei Wissen des Wohnmobilforums, dem ultimativen Handbuch des WOMO-Verlages im Gepäck, sowie den passenden Reiseführern und Karten aus gleichem Hause, machten wir uns auf den Weg.

Am ersten Weihnachtsfeiertag ging es am Abend los in die Nacht hinein. Wenn uns da jemand erzählt hätte, was uns alles passiert, wir hätten uns vielleicht anders entschieden. Nein, nichts wirklich Schlimmes, aber es scheint uns im Nachhinein so, dass wir die Verursacher für viele im Handbuch auftretenden Probleme und Unfällchen gewesen sein könnten.

Schnee

Unser Ziel war klar! Italien, das Land, in welchem das mediterrane Klima unsere Winterstimmung ein wenig vertreiben sollte. Die Realität sah erst einmal ganz anders aus. Frau Holle schickte uns nämlich bei der Zufahrt zum

St. Gotthard jede Menge Schnee, doch wir wollten partout die erste Nacht in Italien verbringen. An der Südseite des Tunnels verschlimmerte sich die Situation und die Fahrbahn war tief verschneit. Da es mittlerweile mitten in der Nacht war und mir langsam die Augen zufielen, wollten wir auf einen Rastplatz, um ein kleines Nickerchen zu machen. Da hatten wir aber die Rechnung ohne die Schneepflüge gemacht, die haben nämlich durch das Räumen der Fahrbahn die Zufahrten zu allen Parkplätzen zugeschoben. Wir waren eigentlich froh, dass wir da nicht gerade auf einem standen, weil sonst ein Weiterfahren auf unbestimmte Zeit nicht möglich gewesen wäre. Das WOMO entpuppte sich aber als gutmütig zu fahrendes Wintergefährt und wir hatten keinerlei Traktionsprobleme.

Aufgrund der geschilderten Parkplatzverhältnisse hieß die Devise: Weiterfahren und raus aus den Alpen! In Como wurde die Lage besser und wir fanden in einem Industriegebiet eine ruhige Übernachtungsmöglichkeit. Am nächsten Tag holte uns der Schnee wiederum ein, und ab ging es in einem Rutsch ins Herz der Toscana, wo zuerst einmal der Laptop ausfiel, welcher wegen anstehender Arbeiten mitgenommen worden war. Nachdem wir festgestellt hatten, dass sich die nächste Service-Station in Mailand befindet und wir auf keinen Fall in Richtung Schnee mehr fahren wollten, ging es ab nach Rom, wo es auch eine Servicestelle gibt. Ach ja, ich vergaß zu erwähnen, dass uns die ganze Zeit beständiger Regen begleitete. Nachdem wir einen halben Tag damit verbracht hatten, die Servicestelle zu finden bzw. eine konkrete Auskunft über deren Anschrift zu erhalten, gaben wir frustriert auf.

Nein! Rom kennen wir bereits, also haben wir uns als erstes touristisches Ziel die Etruskergräber herausgesucht und besichtigt. Nachdem es dort zum ersten Mal seit Jahren über Nacht Minusgrade gegeben und der Regen für genügend Wasser gesorgt hatte, waren die Stufen zu den Nekropolen kräftig gefroren und mit Eis überzogen. So konnten wir die Bauten dieser Kultur meist nur von außen begutachten, was natürlich besonders den Kindern missfiel. Zu dieser Zeit hatten wir dann auch die ersten beiden womospezifischen Erlebnisse. Unsere

Tochter Laura hatte trotz intensiver Einweisung durch Papa beim Gebrauch der Thetford-Toilette einfach vergessen, den Schieber zu öffnen.
Nein! Nicht beim kleinen Geschäft..... den Rest erspare ich mir.
Später machten wir die Bekanntschaft mit einem italienischen Wohnmobilpärchen.
Nein! Nicht persönlich - auf unser freundliches „buon giorno" wurde nicht reagiert. Aber durch deren nahes Heranparken an unser WOMO, so dass noch nicht einmal mehr die Fahrertür aufging.
Nein! Um Ihnen auch diese Antwort vorwegzunehmen, es war kein überfüllter Stellplatz, sondern ein ca. 200 Meter langes Parkareal und wir waren die einzigen beiden WOMOs weit und breit. Sei es drum, wir konnten dadurch das Abendessen eines reifen italienischen Wohnmobilpärchens hautnah miterleben, bevor wir uns weiter weg stellten.

Diskussion
Auf der Weiterfahrt kamen wir an einen herrlich einsamen Strand. Alles war geschlossen, alles war zu. Nur das Meer, der Wind und Wellen - ein herrlicher Platz! Wenn da nicht meine Frau gewesen wäre, welche diese Art von Einsamkeit auf einmal doch nicht mehr so romantisch fand. Nach einem kurzen, aber heftigen Disput parkten wir eben am Rand der nächsten Ortschaft.

Stein- und Esskultur
Nachdem es wieder anfing zu regnen, ging es weiter in Richtung Süden, weiter dem Pfad der Kultur folgend, nach Paestum. Dort fiel zuerst einmal die Beleuchtung des Fiat aus, vielleicht angesichts der immensen Wassermassen, welche aus dem eigentlich normalerweise italienisch azurblauen Himmel herabströmten.
Die Ursache war gleich gefunden und der Austausch einer Glühlampe in der Werkstatt machte das Fahrzeug wieder flott. Jetzt aber ab zu den Ruinen und den Tempel des Herakles besichtigen. Ausgestattet mit vollem Regenequipment wollte sich dennoch nicht so richtig Freude einstellen, denn der Regen, welcher da runter kam plus Steinkultur, das war allen zuviel. Wenigstens der Rotwein und der Büffelmozarella brachten uns das, was die Region verspricht.

Thermen

Da ja im Süden wettermäßig alles besser wird, machten wir uns wieder auf in Richtung des Sporns. Nach all dem Regen wollten wir eigentlich eine der berühmten Thermen besuchen. Also Karte raus und los geht's, heute mal ausnahmsweise ohne Regen! Der erste Ort, juhu, eine Therme, aber geschlossen. Macht nix, der nächste Ort ist ja nur ein paar Kilometer entfernt, also auf geht's! Ich brauche nicht zu erwähnen, dass uns auch hier eine verschlossene Tür empfing. Bei schönem Wetter und bei der ca. zehnten geschlossenen Therme gaben wir bei Einbruch der Dunkelheit auf.

Der Lohn des ersten schönen, aber komplett im WOMO verbrachten Tages war ein wunderschöner ruhiger Strandstandplatz, frauenkonform mit einer kleinen Ortschaft im Rücken. So endete der Tag ohne Regen, mit Sonnenuntergang, sternenklarer Nacht und einem friedlichen Blick über das Meer. Vielleicht ein Vorbote auf das, was Morgen kam.

Grünes Gold

Der nächste Tag stand unter dem Motto Olivenöl. Wenn schon keine Thermen, dann wenigstens das grüne Gold des Südens besorgen. Wir hatten auch bald einige Anlaufstellen und fanden wirklich ein vorzügliches Öl. Wir konnten ganz frisch abgefülltes Olio kaufen und uns mit einigen Flaschen eindecken. Glücklich über den gelungenen Fund machten wir uns wieder auf den Weg ans Meer, nachdem wir letzte Nacht so herrlich frei stehend verbracht hatten.

Auf dem Weg dann zurück, eine italienische Kleinstadt auf einem Hügel. Es war früher Mittag und wir hatten noch genug Zeit, um unseren Meereswunschstandplatz vor Einbruch der Dunkelheit zu finden. Also hinein in die gute Stadt. Ein Umleitungsschild für LKW hatte uns nicht interessiert und bei einer Kirche gibt es meistens Parkplätze. Da der Kirchturm gut sichtbar war, fuhren wir immer in Richtung Zentrum, wo wir auch die Kirche erreichten, es aber keine Parkplätze gab. Die Straße, halt nein, besser gesagt das Sträßchen, welches weiterführte, erweckte unser Misstrauen, nachdem selbst ein entgegenkommender Fiat Panda gerade mal durchgepasst hatte. Auch das Kopfschütteln einiger Passanten bestärkte uns darin, umzudrehen und auf gleichem Weg zurück, auf den etwas außerhalb gelegenen und geräumigen Parkplatz zu fahren. Das herrliche Kleinod auf diesem Hügel hätten wir dann per pedes erkundet.

Gesagt, getan - vorwärts auf den Kirchplatz gefahren und forsch den Rückwärtsgang eingelegt. Ich habe noch die warnenden Worte meiner Frau im Ohr: „Reicht das? Warte ich steige aus und schaue", darauf die Antwort meiner Wenigkeit: „Schatz, wir haben eine Rückfahrkamera, das geht schon", außerdem tauchte auch ein hilfsbereiter Herr im Rückspiegel auf, welcher uns freundlich winkend half.

Das WOMO setzte sich in Bewegung, nach zweimal Rangieren, wir standen fast wieder in Richtung Straße, da ging ein Ruck durch das Gefährt. Es erschallte ein: „Ich hab's gewusst!" meiner Frau, und ein Fahrer mit eingezogenem Genick schaute betroffen in den Rückspiegel, wo ein ratloser Italiener zu sehen war. Ein rascher Blick in den Monitor der Rückfahrkamera half auch nicht weiter, es war nichts zu sehen. Also aussteigen und auf alles gefasst sein. Hinter dem Wohnmobil lag eine Handvoll Gestein und Putz, und ein vormals wunderschön geschwungenes Aluprofil unseres Wohnmobils zeigte eine nicht zu übersehende Verformung.

Eine frech aus der Hausfassade hervorschauende Balkonbalustrade hatte unsere Wohnmobil-Attacke auf das Haus erfolgreich abgewehrt. Nachdem wir noch Glück im Unglück hatten und der freundliche Winker der Bewohner des ramponierten Hauses war und er selbst ob der übersehenen Balustrade mit schlechtem Gewissen dreinblickend froh war, dass wir Ihm nicht die Schuld in die Schuhe schoben, suchten wir das Weite ohne noch einmal zurückzukehren.

Nach fest kommt lose!

Wer aber jetzt glaubt, dass dieser Tag genug Überraschungen für uns bereitgehalten hatte, der irrt sich. Unser verbogenes Aluprofil war natürlich nicht alles, sondern es hatte auch noch kräftig das Blech mitgenommen und bis zum hinteren Fenster aufgewellt. Es zeigte sich ein bedrohlicher Spalt zwischen Fenster und Gummidichtung und herannahende Wolken ließen nichts Gutes erahnen. Also den Hammer ausgepackt und mit ein paar Schlägen das Alublech soweit zurückgedengelt, bis das Fenster wieder einigermaßen an der Dichtung anlag. Dass wir dabei natürlich den Lack beschädigten, nahmen wir billigend in Kauf, Alu rostet ja nicht.

Nichts desto trotz wollten wir uns die gute Laune nicht vollends verderben lassen und ab ging's ans Meer. Nach etlichen Kilometern an Schienen entlang mit dahinterliegendem Meer kamen wir zu einer Ortschaft. Die erste Straße links, über die Schienen, und ein kleiner Weg führte wohl kilometerlang an diesem Sandstrand entlang. Wir hatten unser Olivenöl, frisches Essen eingekauft, also war der Entschluss klar, hier bleiben wir. Gemütlich fuhren wir dieses Sträßchen entlang. Es zeigten sich einige mögliche Stellplätze und einer der ortschaftsnäheren fand unsere größte Zustimmung. Also kurzerhand die erste Wendemöglichkeit genutzt, über die Grasnarbe auf verfestigten Grund - dachte ich zumindest - und den Rückwärtsgang eingelegt. Was sich optisch aber als verfestigter Grund dargestellt hatte, war in Wirklichkeit vom Regen glattgeschwemmter Sand. Mit einem „Swwwwt" grub sich unser Vorderradtriebler ein und das WOMO bewegte sich kein Stück mehr.

Sollte alles kein Problem sein, wir haben Spaten und Schneeketten dabei und jede Menge Zeit.

Also, eine Spur gegraben, Steine untergelegt, Reisig gesammelt und in die Rinne gestopft, Schneeketten aufgezogen und kräftig schwitzend Sand verfestigt.

Das Resultat: irgendwann nach dem fünften Rangierversuch saß die Vorderachse auf.

Ende Over Aus!
Eine zufällig vorbeikommende Mutter und ihre Tochter lächelten milde und gingen weiter des Weges. Also, Fahrrad raus, ca. 3 km zur Ortschaft zurück geradelt und Hilfe holen. Den ersten Passanten angehalten, ein überaus netter und freundlicher Mann.
Mit radebrechendem Italienisch, Deutsch und Englisch die Situation erklärt. Er, zu einem Telefon, eine Nummer gewählt und palavert, Schulterzucken, erneut telefoniert und palavert. Nach dem vierten Telefonat und ca. 1 Stunde warten, kamen die Mutter und die Tochter vorbei. Ich hatte das Gefühl, dass mein Helfer einfach irgendwie nicht verstanden hatte, um was es eigentlich ging. Also die zwei Frauen angesprochen und gebeten, da die ja gesehen hatten, was uns passiert war, es ihm zu erklären. Auf jeden Fall haben die Drei anschließend herzhaft angefangen zu lachen und er hat mich danach sofort zur lokalen Autowerkstatt geführt. Ich weiß bis heute nicht, ob er mir einen Pizzalieferdienst in Deutschland organisieren wollte oder ob er glaubte, ich wolle mit dem von uns ausgegrabenen Sand eine Betonfabrik bauen. Wie dem auch sei, die Werkstatt zeigte uns nur energisches Kopfschütteln,
„Non é possibile tirare il Camper!!!!"
Plötzlich hörte ich im Hintergrund das mir bekannte Geräusch eines Traktors. Aus den Augenwinkeln sah ich auf der gegenüberliegenden Seite der Nationalstraße eben diesen heranfahren. Ich mit einem energischen Spurt, welchen ich mir selbst nicht zugetraut hätte, über die vielbefahrene Straße gehechtet, den Traktor angehalten und mit lautem Rufen meinen Helfer dazu animiert, unsere Notlage zu schildern. Ein kurzes Si, Si und ein Zeichen für mich, du wartest hier, machte sich der Traktorfahrer auf die Weiterfahrt, um 5 Minuten später mit einem Monstrum an Seil wiederzukommen. Das Seil am WOMO befestigt, ein kurzer Ruck und unser Gefährt stand wieder auf einer festen Straße. Viele „Grazie" und der gescheiterte Versuch, seinem Sohn ein paar Euro zuzustecken, werden den freundlichen Bauern nicht mehr aus unserem Gedächtnis löschen.
Regen
Der nächste Tag begann mit..... Regen. Wenn's dann ja

mal regnet, dann können wir den Tag ja nutzen, um weiter in Richtung Süden (denn dort ist ja das Wetter besser!) zu fahren. Gesagt, getan und nach einiger Überzeugungsarbeit meinerseits hatten wir wieder einen schönen Übernachtungsplatz auf einem befestigten und geteerten Parkplatz, ruhig und direkt am Meer. Nachdem wir bisher immer in Restaurants zum Essen waren, war es Zeit, auch mal den mitgeschleppten Grill zu nutzen. Dies um so mehr, als wir in der Ortschaft zuvor einen Markt gesehen hatten. Also noch mal hin und uns mit frischem Fisch eingedeckt. Es wurde Abend, es war Zeit zu essen, aber es regnete mal wieder, nein, falsch gesagt, es schüttete. Den Fisch im WOMO braten, das wollten wir auch nicht. Und außerdem, wenn Papa sagt, es wird gegrillt, dann wird gegrillt. Mein Sohn Dominic wollte helfen und bestätigte auch gleich, dass ihm der Regen nichts ausmache. Also, soweit wie möglich regenfest angezogen und den Grill aufgebaut. Falls ich es noch nicht erwähnt haben sollte, es schüttete wie aus Eimern, es war schweinekalt und stockdunkel. Unsere mickrige Außenbeleuchtung schaffte es auch nicht, uns nur ein ganz klein wenig unsere Dunkelheit zu nehmen. Da wir an dem WOMO auch keine Gasaußensteckdose hatten, war alleine das Aufbauen des Grills mit Entnehmen der Gasflasche ein Ereignis für sich.

Zuerst sollte es Gambas geben, mmh, lecker. Also Grillschale rein und los geht's. Die 30-mb-Gasgrills sind nun wirklich nicht der Bringer in Sachen Hitze. Kommen dann noch die Kälte und der Regen hinzu, sinkt die Grillleistung noch einmal erheblich ab. Meine Maglight erhellte immer wieder unser dunkles Dasein und zeigte uns den Zustand der Gambas. Leider muss irgendwie die Lichtfarbe der Maglight das Bewerten des Garzustandes unserer Gambas verändert haben. Auf jeden Fall, als wir die Tierchen ins Wohnmobil brachten, waren diese nicht nur von mir etwas versalzen, sondern auch gnadenlos ausgetrocknet. Na ja, wir haben ja noch den Fisch. Also diesen mit frischer glattblättriger Petersilie und Knoblauch ausgestopft, uns trockene Kleider angezogen und wieder raus zum Grill und die leckeren Geschöpfe des Meeres auf den Grill gelegt. Der Regen wurde noch stärker und der Parkplatz begann sich mit Wasser zu füllen. Gott sei

Dank befand sich unter unserem WOMO ein Gulli, so dass das Wasser schnell abfloss. Unsere Schuhe waren eh nass, also alles halb so schlimm.

Mit besagter Maglight immer wieder den Zustand der Fische im Auge behaltend warteten wir auf den richtigen Moment, um die Fisch zu entnehmen, es sollte keine zweite Gambamisere geben. Alles sah gut aus und roch lecker. Es hat natürlich etwas länger gedauert, da ja, wie beschrieben, die Heizleistung des Grills nicht rekordverdächtig war. Allerdings war die Hitzeentwicklung so weit ausreichend, dass ich mir meine steifgefrorenen Finger beim Herausnehmen des Grillrostes richtig verbrennen konnte. Durch den Schreck ließ ich die Fische zu Boden fallen und der Sog des Wassers in Richtung Gulli ließ diese in jenem verschwinden.....

Der Abend endete mit zwei Flaschen Wein statt einer und einem leckeren aus Deutschland mitgebrachten Schwarzbrot.

Naturereignis

Zu Sylvester standen wir vor Catania, mit prächtigem Blick auf den leicht rauchenden Ätna. Wir hatten eine schöne Sylvesterfeier mit gutem Essen, und der tolle Abend ließ uns die Probleme der vorangegangen Tage vergessen, zumal es auch nicht regnete.

Nach einem gefaulenzten Tag am Meer machten wir uns auf den Weg in Richtung Norden, da es auch wieder anfing zu regnen. Zu allem passte dann noch, dass am nächsten Tag der Ätna eine Eruption hatte, einen Tag nach dem wir abgefahren waren. Eine einmalige Chance, dies zu sehen, um einen Tag versäumt!

Navigationssystem

Was liegt näher, als noch eine Stadtbesichtigung zu machen? Und was liegt da näher als den Kindern eine so traditionsreiche Stadt wie Pisa zu zeigen, zumal die Stadt ja um die Feiertage herum auch bestimmt nicht so überlaufen ist wie im Sommer.

Also nichts wie rein in die Stadt und schon vorab mal kräftig Aufklärungsunterricht in Sachen schiefer Turm und Galileo Galilei geleistet. Das Navigationsgerät zeigte uns auch pflichtbewusst den kürzesten Weg in die Stadt. Es gab ein großes Hallo, als die Kuppel des Domes zu sehen war.

Jeder, der mit dem WOMO schon nach Pisa gefahren ist, kennt wohl diese Stelle, an welcher die Straße auf 2,30 Meter verengt wird und ein Schild dies auch ankündigt. Unser 2,25 Meter breiter Granduca passt da gerade mal so durch.

Da uns aber unsere unheimliche Begegnung mit der Balkonbalustrade noch in den Knochen steckte, gestaltete sich diese Durchfahrt eher zu einem Durchschleichen, mit meiner Frau als Einweiser und einer wild hupenden italienischen Fraktion hinter uns. Als nächstes dann die Brücke, an welcher ein weiteres Schild 3,30 Meter Höhe ankündigt und wir, mit Dachkoffer, vielleicht etwas darüber liegen. Also auch hier wieder mit eingezogenem Genick, die vielen Schrammen an der Brückendecke sehend, durchgefahren. Es hat gereicht!

Nachdem wir ausgiebig, von Regenschauern begleitet, Pisa besichtigt hatten, machten wir uns wieder an die Weiterfahrt. Wir wollten irgendwo noch einmal mitten in der Toskana an einem Restaurant übernachten. Das Navigationsgerät mit Informationen bestückt und los ging's. Den Zeichen der Autostrada gefolgt, eine Route welche auch das Navi vorgeschlagen hatte. Es kam die Abzweigung nach Bologna, als unser Navi uns die entgegengesetzte Richtung empfahl. Hmm, was tun?

Vielleicht kennt ja das Gerät mal wieder eine Straße und die Verkehrsplaner wollen uns aber anders lenken. Deshalb folgten wir dem Navi. Richtig stutzig hätte ich werden müssen, als ich das Schild „Centro" sah. Aber vielleicht gibt's ja auch eine neue Ringstraße. Tja, die gab es leider nicht. Kurz darauf standen wir wieder vor dem Schild 2,30 Meter Breite mit entsprechender Fahrbahnverengung. Wieder meine Frau raus zum Einwinken und wieder ein Hupkonzert hinter uns. Auf jeden Fall

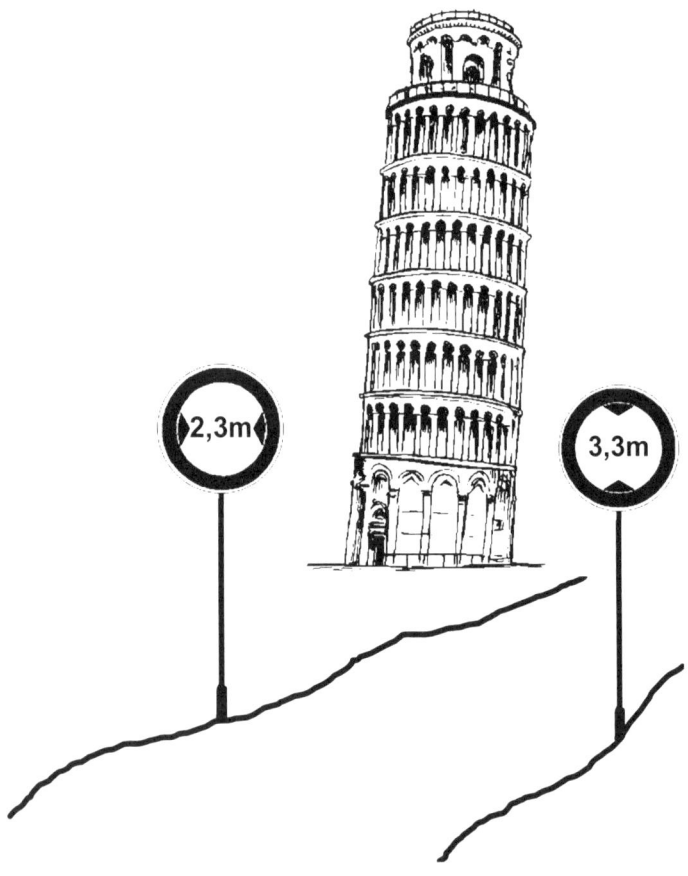

haben unsere Kinder noch einmal die Stadtmauer und die Kuppel des Domes gesehen.

Nach einem Reset des Navigationssystems hat dieses dann endlich auch unser neues Ziel akzeptiert und uns weiter in Richtung Norden navigiert. Warum es auf das alte Ziel Pisa Centro zurückgesprungen war, ist uns bis heute ein Rätsel.

Zu viel Durst

Auf dem Weg nach Hause passierte uns nur noch eine Kleinigkeit. Die Fiat-Tankuhr hielt uns zum Narren und wir blieben, 30 km nach Aufleuchten der Reservelampe, mitten im Wald auf dem Weg nach Castillione della Pescaia liegen. Doch erneut Glück im Unglück, dass uns wieder ein freundlicher Herr mit in die nächste Ortschaft nahm, wo die Tankstelle gerade für zwei Stunden Mittagspause geschlossen und ich vor Aufregung den Geldbeutel vergessen hatte. Aber auch hier hat uns unser Helfer unter die Arme gegriffen, Geld geliehen und uns nach zwei Stunden zum WOMO zurückgefahren.

Zum Abschluss haben wir auch eine Therme gefunden, auch hier waren die Tore verschlossen, aber es gab ein frei zugängliches Naturbecken. Dort sind wir zwei Tage geblieben und haben uns bei 8 Grad Außentemperatur im 32 Grad warmen Wasser stundenlang im schwefelhaltigen Schlamm gesuhlt. Dies hat uns für vieles entschädigt.

Wir denken, dass wir ein Großteil allen Unbills, der Wohnmobilreisenden widerfahren kann, hinter uns haben. Auf jeden Fall ist uns nichts weiteres passiert und wir danken allen unseren Helfern in Italien.

Mittlerweile haben wir ein neues WOMO. Bei unserem ersten Urlaub ist meine Frau mit der Markise in einem Naturtunnel hängen geblieben......., aber dies ist eine andere Geschichte.

INHALTSVERZEICHNIS

Einladung 3

WOMO - Geschichten

Strahlendes Hellas 4
Reif für die Insel 13
Obbedisco 19
Hilfe auf Ungarisch 21
Große Freiheit in Modena 27
Grenzerfahrungen 30
Geschäftsverbindungen 39
Gamserlmilch 48
Bayrischer Sumpf 53
Allohool 59
Pierre`s Mädchen 68
Geister 77
Titos Sturz 81
Pauschaltourist 87
Bakschisch 93
Auf dem Basar 97
Wasserspiele 99

WOMO - Leser erzählen

Burger für Bürger 103
Der blinde Passagier 104
Die erste Ausfahrt 106

Wir bestellen: (Preisänderungen vorbehalten)

- ☐ Wohnmobil Handbuch .... 19,90 €
- ☐ Wohnmobil Kochbuch .... 12,90 €
- ☐ Heitere Geschichten .... 6,90 €
- ☐ Albanien .... 19,90 €
- ☐ Allgäu .... 17,90 €
- ☐ Auvergne .... 19,90 €
- ☐ Baden-Württemberg .... 19,90 €
- ☐ Baltikum .... 20,90 €
- ☐ Bayern (Nordost) .... 19,90 €
- ☐ Bayern (Südost/Oberbayern) 19,90 €
- ☐ Belgien & Luxemburg .... 19,90 €
- ☐ Bretagne .... 18,90 €
- ☐ Burgund .... 17,90 €
- ☐ Dänemark .... 19,90 €
- ☐ Elsass .... 19,90 €
- ☐ England (Süd) .... 19,90 €
- ☐ Finnland .... 19,90 €
- ☐ Franz. Alpen .... 20,90 €
- ☐ Franz. Atlantikküste (Nord) ... 19,90 €
- ☐ Franz. Atlantikküste (Süd) .... 17,90 €
- ☐ Französisches Jura .... 19,90 €
- ☐ Griechenland .... 19,90 €
- ☐ Hessen (Norden + Osten) .... 19,90 €
- ☐ Hessen (Mitte + Süden) .... 19,90 €
- ☐ Hunsrück/Mosel/Eifel .... 20,90 €
- ☐ Irland .... 19,90 €
- ☐ Korsika .... 18,90 €
- ☐ Kroatien / Montenegro .... 19,90 €
- ☐ Languedoc/Roussillon .... 19,90 €
- ☐ Latium/Rom/Abruzzen .... 18,90 €
- ☐ Ligurien .... 17,90 €
- ☐ Loire-Tal/Paris .... 17,90 €
- ☐ Lothringen .... 17,90 €
- ☐ Marokko .... 19,90 €
- ☐ Meckl. Vorpommern (West) .. 18,90 €
- ☐ Meckl. Vorpommern (Ost) ..... 18,90 €
- ☐ Namibia .... 20,90 €
- ☐ Neuseeland (Nord) .... 19,90 €
- ☐ Neuseeland (Süd) .... 19,90 €
- ☐ Niederlande .... 19,90 €
- ☐ Nord-Frankreich .... 18,90 €
- ☐ Normandie .... 19,90 €
- ☐ Norwegen (Nord) .... 19,90 €
- ☐ Norwegen (Süd) .... 19,90 €
- ☐ Österreich (Ost) .... 19,90 €
- ☐ Österreich (West) .... 18,90 €
- ☐ Ostfriesland .... 20,90 €
- ☐ Peloponnes .... 19,90 €
- ☐ Pfalz .... 19,90 €
- ☐ Piemont/Aosta-Tal .... 19,90 €
- ☐ Polen (Nord/Masuren) .... 18,90 €
- ☐ Polen (Süd/Schlesien) .... 17,90 €
- ☐ Portugal .... 19,90 €
- ☐ Provence & C. d'Azur (Ost) .. 19,90 €
- ☐ Provence & C. d'Azur (West) 19,90 €
- ☐ Pyrenäen .... 19,90 €
- ☐ Rumänien .... 19,90 €
- ☐ Sachsen .... 20,90 €
- ☐ Sardinien .... 19,90 €
- ☐ Schleswig-Holstein .... 19,90 €
- ☐ Schottland .... 18,90 €
- ☐ Schwarzwald .... 17,90 €
- ☐ Schweden (Nord) .... 19,90 €
- ☐ Schweden (Süd) .... 19,90 €
- ☐ Schweiz (Ost) .... 19,90 €
- ☐ Schweiz (West) .... 19,90 €
- ☐ Sizilien .... 18,90 €
- ☐ Slowenien .... 18,90 €
- ☐ Spanien (Nord/Atlantik) .... 19,90 €
- ☐ Spanien (Ost/Katalonien) ..... 18,90 €
- ☐ Spanien (Süd/Andalusien) .... 18,90 €
- ☐ Südafrika (Krüger NP) .... 24,90 €
- ☐ Süditalien (Ost/Apulien) .... 19,90 €
- ☐ Süditalien (West/Kalabrien) .. 19,90 €
- ☐ Süd-Tirol .... 18,90 €
- ☐ Thüringen .... 19,90 €
- ☐ Toskana & Elba .... 20,90 €
- ☐ Trentino/Gardasee .... 18,90 €
- ☐ Tschechien .... 18,90 €
- ☐ Tunesien .... 17,90 €
- ☐ Türkei (West) .... 18,90 €
- ☐ Türkei (Mitte-Kappadokien) .. 17,90 €
- ☐ Umbrien & Marken mit Adria. 18,90 €
- ☐ Ungarn .... 18,90 €
- ☐ Venetien/Friaul .... 19,90 €
- ☐ Wales .... 18,90 €

... und jährlich werden's mehr!

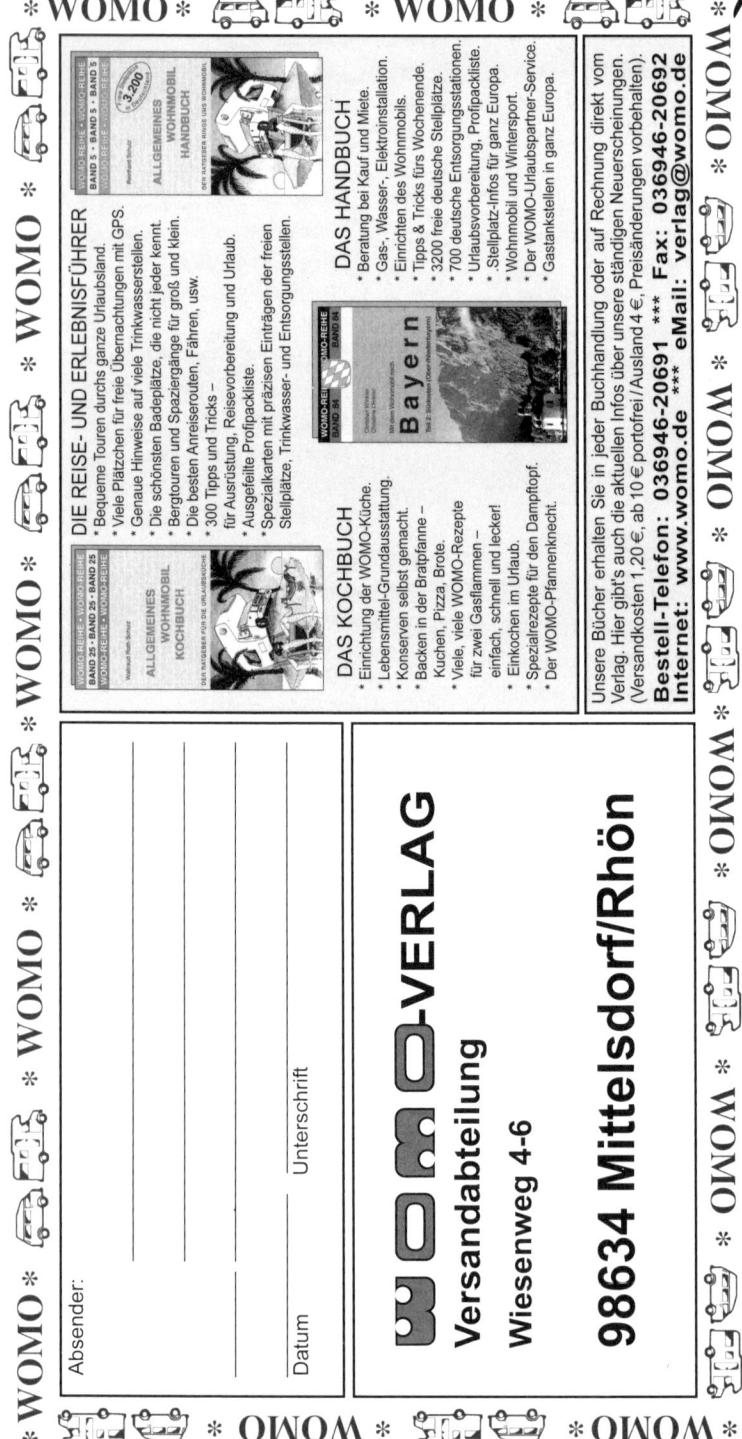